Printed in the United States
By Bookmasters

الإدارة الحديثة
للمـــوارد البشريــة

الإدارة الحديثة للموارد البشرية

تأليف

الدكتور بشار يزيد الوليد

الطبعة الأولى

2009م – 1430هـ

المملكة الأردنية الهاشمية
رقم الإيداع لدى دائرة
المكتبة الوطنية (2007/11/3363)

350
الوليد، بشار يزيد
الإدارة الحديثة للموارد البشرية
بشار يزيد الوليد– عمان: دار الراية، 2009
ج1 (246)ص.
ر.إ: (2007/11/3363).
ردمك: ISBN 978-9957- 499 -14-3

* إعدادات دائرة المكتبة الوطنية بيانات الفهرسة والتصنيف الأولية

دار الراية للنشر والتوزيع
الأردن-عمان
شارع الجمعية العلمية الملكية - المبنى الإستثماري الأول للجامعة الأردنية
هاتف: 5338656 فاكس: 96265348656+
ص.ب: 2547 الجبيهة- الرمز البريدي 11941 عمان- الأردن
Email:dar_alraya@yahoo.com

المحتويات

الفصل التمهيدي
ماهية ونشأة إدارة الموارد البشرية
ومراحل تطورها

تعددت الآراء والتسميات التي أحاطت بنشاط القوى البشرية العاملة، وفي مجملها بقيت منحازة في وصفها الدقيق لطبيعة وتكوين العنصر العامل فأدوات العمل واستحقاقاته المتعددة.

في الماضي: وقبل ولوج عصر النهضة الصناعية كانت القوى العاملة تدار وفق المكان والزمان وطبيعة العمل وتدرجات السلم الوظيفي، بحيث تنحصر مفاهيمها في استحقاقات الفائدة التي تعود على أرباب العمل والمنفعة التي تنعكس على الأيدي العاملة. وفي مجملها لم تخرج آنذاك عن إطار السيد والعبد والرئيس والمرؤوس متجاهلة التشريعات الكونية والدينية آخذة بالأعراف السائدة آنذاك المنطوية تحت ظلال العبودية بكل المقاييس، وليس ثمة مخرج إلا الانكفاء على الحال والشكوى المستديمه التي أنتجت تكوينات الأسس المبدئية لقيام منظومة الحماية والدفاع عن الأفراد والقوى العاملة والمطالبة بنزعة حقوقية بالرقابة المؤثرة التي تدعو إلى احترام حقوق الإنسان وفق التشريعات السماوية والمتطلبات الحقوقية للإنسان والطبيعة البشرية، وعليها فقد برز السلم الوظيفي بتصنيفاته البدائية مبقياً على سطوة أرباب العمل إلى جانب ظهور بعض التشجيعات الوظيفية والمادية للقوى العاملة.

وصولاً إلى بداية تشكل (**العنصر الصناعي**) أو (**الثورة الصناعية**) التي اشترطت مزيداً من التشريعات والتصنيفات الوظيفية وزيادة أفراد القوى العاملة المنحازة أيضاً

إلى بروز نشاطات اضافية ترعى شؤونهم وتدعم حقوقهم المادية والوظيفية. وتشكلت الأنظمة والتعليمات الإدارية الداخلية في كل منظمه إلى جانب النصوص المتبعة لضمان سير العمل وفق الخطط الإنتاجية.

وبذلك تطور مفهوم إدارة الموارد البشرية بتطور أدوات العمل وتنوع إنتاجها والتغيير في التركيبة المهارية والثقافية للموارد البشرية وزيادة الأخطار المتوقعة.

وأكثر من ذلك التعدد والتنوع الصناعي وزيادة الإنتاج الملحة والتنافس السوقي استدعى مزيداً من الضبوطات الإدارية والرقابية والمحاسبية. فتشكلت الإدارات المتخصصة وعلى رأسها ادارة الموارد البشرية و في منظومتها القوانين والتعليمات الراعية للحقوق والواجبات والمطبقة لشروط وتعليمات وقوانين المنظمات الدولية والحقوقية العالمية، والتي تشكلت أيضاً لذات الدواعي. ويلعب المورد البشري دوراً مهماً وفاعلاً في نشاط المنظمات وهو العنصر الفاعل في التشغيل والإنتاج.

ومهما تعددت التسميات في نشاط القوى البشرية إلا أنها تلتقي في التطبيق والممارسة، ونجد من التسميات:

- إدارة الموارد البشرية.
- إدارة شؤون الأفراد.
- إدارة شؤون العاملين.
- إدارة شؤون الموظفين.

وجميعها تنسجم في الممارسة، إذ تعنى جميعها برفد المنظمات العاملة والمنشآت الصناعية وغير ذلك من التسميات لإدارة المنتجات والأعمال، بالأيدي العاملة والمهرة والتخصصات والمحافظة عليهم، ورعايتهم، وتدريبهم وتأهيلهم لما يحقق أهداف

المنظمة أو المنظمات، وهو بتصنيفه الدقيق، سلوكي مرتبط بالظواهر البيئية والاقتصادية والاجتماعيـة وحتى السياسية.

وتتعدد مسؤوليات إدارة الموارد البشرية وتتوسع انسجاماً مع تطور وتوسع طبيعـة وحجـم المنظمة والعمل والإنتاج.

ويدخل في إطارها الوظيفي المسؤوليات التالية:

1. الاهتمام بالفرد أو الأفراد ورعاية شؤونهم المادية والحقوقية والسلوكية.
2. رفد المؤسسات والقطاعات الصناعية والإنتاجية بالأيدي العاملة والمهرة المتخصصة.
3. تعتبر حلقة وصل ما بين الفرد والمسؤول، والمؤسسات والدوائر والقطاعات الأخرى.
4. هي إدارة تنفيذية، من خلال ما تنجز من وظائف إدارية واستشارات.
5. صياغة استراتيجيات عمل للحصول علـى مـوارد بشـرية تتمتع بالكفاءات والقادرة علـى الإبـداع والابتكار والتجديد.
6. أن إدارة الموارد البشرية تعتبر واحدة من أهم الوظائف لأي منظمة.
7. من واجبات إدارة الموارد البشرية خلق وتنمية قوى عمل تكون محبة وراغبة في العمل الأمـر الـذي يرفع من إنتاجية الأفراد.
8. طرح وتقديم دراسات التخطيط للموارد البشرية بمفهوم العملية الإدارية، مثل تصـميم الشـواغر أو السلم الوظيفي والعمل على ملء الشواغر فيه، وترتيب المسارات الوظيفية وبيان العرض والطلب وتوظيب الاختصاصات التطبيقية.

ومن الواجبات الأساسية الملقاة على إدارة الموارد البشرية في أي منظمة تجاه الأفراد:

1. الإعلان عن الوظائف الشاغرة وقبول طلبات التعين ثم التعيين والتعاقد وفقاً لأنظمة وتعليمات المنظمة.

2. الاحتفاظ بالسجلات والملفات الخاصة بالعاملين.

3. متابعة الشؤون الإدارية والصحية والاجتماعية للعاملين.

4. وضع تعليمات تنفيذ صرف مستحقات العاملين بالتنسيق مع الإدارات المالية والحسابية.

5. لديها السلطة بمتابعة عمليات الترقية والإحالة والنقل بين العاملين.

6. دعم التعاون بين الأقسام والإدارات المختلفة.

7. بحث سبل علاج المشاكل التي تطرأ بين الأفراد والإدارات.

8. تقييم أداء الأفراد ومتابعة أداءهم الوظيفي.

9. تحقيق الأهداف الفردية والتنظيمية وفق ما يلي:

التنظيمية	الأفراد
- تحقيق الكفاءة والفاعلية.	- إيجاد فرص عمل عادلة.
- النمو والاستقرار.	- خلق ظروف عمل مناسبة.
- التقدم والازدهار.	- كفاءات وأجور وحوافز.
- التطوير والتطور.	- سلم وظيفي مؤهل.
- الانتماء للمنظمة.	- استقرار نفسي ووظيفي وخلق مناخات إيجابية.

لقد تطورت مفاهيم إدارة القوى البشرية بتطور المنظمات والزيادة في إعداد القوى البشرية العاملة فيها. ونلاحظ ذلك في التقييم التالي:

- عندما كانت اقتصاد غالبية الدول يعتمد بصورة أساسية على الموارد الزراعية، منذ مطلع القرن الثامن عشر وحتى ظهور الثورة الصناعية في مطلع القرن التاسع عشر، كانت العملية تدار بطبيعة توارث المسؤولية فأرباب العمل محدودين والمسؤولية تنحصر بشخص إلى ثلاثة أشخاص في أغلب الظروف.

ومع تطور الاقتصاد وظهور أول حركة صناعية فرضت استقطاب أيدي عاملة مهرة واستحداث في الوظائف والإدارات.

كان لزاماً وجود آلية جديدة لإدارة المنظمة والإشراف المباشر على العاملين ومتابعة شؤونهم والإشراف على أدائهم فكانت أول مدرسة للإدارة العلمية عام 1911، واهتمت في أولوياتها بطرح مواصفات العامل الناجح وتحديد المهارات والقدرات اللازمة لكل وظيفة والأجور المتقاضاة والحوافز التي من شأنها زيادة الإنتاج والرضى من قبل العاملين.

وقامت بإعداد الدراسات والبحوث والاقتراحات وأشركت الطبقة العاملة في إبداء الآراء بغية الوصول إلى صياغة مفاهيم تعزز المسار الوظيفي وتنمي قدرات الفرد، وتدعم آلية الإنتاج وتم استحداث المفهوم الوظيفي "**إدارة شؤون الأفراد**" منذ عام 1911-1930 وتتولى هذه الإدارة متابعة شؤون العاملين من مرحلة التعيين مروراً بالرغاية والحوافز والأجور والترقيات إلى الإنتاج المطلوب، وبذلك برزت التعددية في المسؤوليات واستحداث إدارات وأقسام لتسيير العملية الإدارية من مبدأ حصر المسؤولية لكن تبقي لإدارة الشؤون الجانب الأهم والمسؤول الأول والمحور الوسيطي لعمل المنظمة ككل.

وعليه فإننا نجد أن إدارة الموارد البشرية تحتل المركزية في المسؤولية الوظيفية للمنظمة وترتقي في موقعها مستوى الإدارة الوسطى ونلاحظ في الشكل التالي:

مجلس الإدارة
رئيس مجلس الإدارة
المدير العام
إدارة الإنتاج
الشؤون الإدارية والمالية
العلاقات العامة والمبيعات
قسم التوظيف
المحاسبة
التدريب والتأهيل
الديوان
الأمن

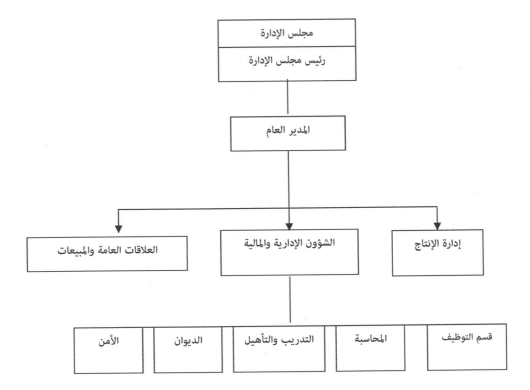

الفصل الأول
الأطر العامة لمفهوم
إدارة الموارد البشريــة

* الوضع التنظيمي لإدارة الموارد البشرية:

سبق وأن أشرنا في الفصل التمهيدي إلى مراحل تطور مفهوم إدارة الموارد البشرية من حيث المعنى، إذ اقتصرت أنشطة الموارد البشرية في الماضي على وظائف تقليدية منها شؤون العاملين، إدارة الموظفين، إدارة القوى العاملة، إدارة شؤون الأفراد (Personal management) وتطورت بمعانيها وغايتها وأهدافها ومضامينها مع التسارع الصناعي والإنتاجي، وأصبحت تسمى "**إدارة الموارد البشرية**" (HRM- Human ResourceManagement) وذلك لأهمية الموارد البشرية القصوى في المنظمة ودورها الرئيسي- في العملية الإنتاجية يسند إليها المهام والمسؤوليات التالية:

1. مسؤولية النشاط الإداري، والذي يتولى تنظيم الموارد البشرية، تخطيط الموارد البشرية وتوجيهها والرقابة والتقييم.
2. تحقيق أهداف المنظمة والفرد ضمن أسس عادلة ومشجعة تضمن سلامة الفرد المعيشية وديمومة عجلة الإنتاج، وينطوي تحت هذا الهدف مجموعة من الأولويات منها:
   - التخطيط والتحليل.
   - تنمية المسارات الوظيفية.
   - تصميم الوظائف وتقييمها وتحديد الأجور والحوافز والمشجعات.
   - تقييم أداء القوى البشرية.
   - التدريب والتنمية والمتابعة.

- الرعاية النفسية والصحية والاجتماعية.

* أهداف إدارة الموارد البشرية وأنشطتها:

أ. **الأهداف التنظيمية** Organizational Objectives:

تسهم إدارة الموارد البشرية في تحقيق الفعالية التنظيمية إذ تعمل على ابتكار الطرق التي تساعد المديرين على تنمية وتطوير أدائهم، ويبقى المديرون مسؤولين عن أداء مرؤوسيهم كل في تخصصه، لقد وجدت إدارة الموارد البشرية لمساندة المديرين ومساعدهم على تحقيق أهداف المنظمة.

ب. **الأهداف الوظيفية** Functional Objectives:

لكي تتمكن الإدارات والأقسام المختلفة من المحافظة على مستويات مناسبة لمتطلبات المنظمة، يجب أن تمدها إدارة الموارد البشرية باحتياجاتها الكمية والنوعية من الأفراد. إن الموارد المتاحة ستفقد قيمتها وسيتأثر تشغيلها والاستفادة منها إذ لم تقم إدارة الموارد البشرية بوظائفها المختلفة على الوجه الأكمل.

ج. **الأهداف الاجتماعية** Societal Objectives:

تعمل إدارة الموارد البشرية على تحقيق مجموعة من الأهداف الاجتماعية والأخلاقية وذلك استجابة للمتطلبات والاحتياجات والتحديات الاجتماعية. ومن هنا تسعى إلى تحجيم الآثار السلبية والمعوقات البيئية التي تواجه المنظمة.

د. **الأهداف الشخصية** Personal Objectives:

تعمل إدارة الموارد البشرية على تحقيق الأهداف الشخصية للعاملين وذلك بما يساعد على حمايتهم والحفاظ عليهم وتنمية قدراتهم وبقائهم وحفز هممهم للعمل والإنتاج. إن إشباع حاجات العاملين الشخصية وتحقيق الرضا الوظيفي ومتابعة المسارات الوظيفية لهم لا شك يحتاج إلى قدر لا بأس به من اهتمام إدارة الموارد البشرية.

* الوضع التنظيمي لإدارة الموارد البشرية
Strecture of Human Resources management

إن تعدد أشكال ومستويات المسؤولين لإدارة القوى البشرية، أو الموارد البشرية في الهياكل التنظيمية للمنظمات يتوجب الأخذ بنتائج دراسة العوامل المؤثرة لتجاوز أي عقبات تلوح في مسيرة المنظمة الإنتاجية.

ومن أهم العوامل المؤثرة:
أولاً: خصائص مدير إدارة الموارد البشرية والموظفين فيها.

تقسم إدارة الموارد البشرية أو إدارة القوى البشرية بنموذجيتها بين الإدارات في المنظمة وتحتل رأس الهرم وحلقة الوصل في الهيكل التنظيمي، وهي أداة الممارسة الإدارية الإشرافية والرقابية والمتابعة لإدارة المنظمة والمحرك العمالي والدينمو التشغيلي لها.

إذاً لا بد من وضع شروط ومواصفات لإشغال منصب مدير إدارة القوى البشرية وموظفي الإدارة تتوافق وحجم مسؤوليات الإدارة وتعددها واتصالها بالإدارة الأخرى، آخذين بعين الاعتبار الروابط النفسية والاجتماعية والاقتصادية والإدارية والمؤهلات العلمية والقدرات الذهنية والإدارية.

وإذ ما اطلعنا على واجبات مدير إدارة الموارد البشرية فإننا نلحظ بوضوح تعدد في الأدوار والممارسات فنجده حاضراً في دور (**رجل الأعمال**) المسلح بقوة الشخصية من حيث التعامل مع الموظفين والأقران، والبحث عن السبل المؤدية لتحقيق الوفر والأرباح.

ودور (**المخطط**)، الواضع لاستراتيجيات الإدارة والتغيير ومتخذ القرارات الواجب تنفيذها، المدرك لماهية عمل المنظمة واحتياجات السوق من الإنتاج وأبواب التسويق الأخرى.

ودور (**المعلم والمراقب**)، القادر على توجيه وإرشاد الموظفين وتعليمهم والمراقب لأدائهم وتصنيفهم وتوزيعهم على المسؤوليات والمهام حسب قراءاته وقناعاته المستندة على المعرفة والمعلومة الدقيقة.

ودور (**المستشار**) الذي يمتلك الوعي الكامل بحجم المسؤولية والملم بالمعلومة المستندة على الدقة والصحة والفائدة المنعكسة على المنظمة والعاملين فيها.

وهذه الشخصية الإدارية الكفؤة، لابد وأن يتحقق لديها المؤهلات والمهارات التالية:

- التمتع بمهارات استراتيجية وفكرية عالية.
- القدرة على التخطيط الفاعل والناجح.
- امتلاك القدرات القيادية والتوجيه والتأثير على الآخرين.
- القدرة على حل المشاكل ومعالجتها.
- امتلاك مهارات التمييز والإبداع.
- امتلاك مهارات استعمالات التقنية في المنظمة.
- الكفاءة الإدارية والقيادية.
- امتلاك الحاسية الفكرية القادرة على الخلق والابتكار، ومعرفة حاجات المنظمة والأعمال.

* أشكال تنظيم إدارة الموارد البشرية
Forms of Human Resources management organization

تـتمتع إدارة الموارد البشرية بالقيام بجميع الأدوار الاستراتيجية ذات الطبيعة التنفيذية وترتبط مباشرة بالإدارة العليا للمنظمة من خلال تسميات مختلفة أحياناً تكون من خلال نائب المدير العام أو الرئيس للموارد البشرية أو بالمدير العام مباشرة من خلال مدير إدارة الموارد البشرية، ونادراً ما تـرتبط مباشرة برئيس مجلس الإدارة، وارتباطها المباشر يخصص نوعاً من المسؤولية والارتباط لبعض الأقسام بالمدير العام أو نائبه لما لهذه الأقسام من أهمية قصوى تندرج ضمن صـلاحيات الإدارة العليـا وتحـت إشرافها، ومن هذه الأقسام:

1. قسم التوظيف The Employment Department:

ومن مهام هذا القسم، الاستيضاح من الأقسام عن حاجتها لملئ الشواغر من الموظفين، والتنسيق مع الإدارة العليا والإعلان عن الشواغر والوظائف، واستقبال طلبات التوظيف وترشيح الموظفين، وممارسة إجراءات التوظيف الرسمية.

2. قسم العلاقات The Relations Department:

ينهض قسم العلاقات في المنظمة بمهام ومسؤوليات كبيرة وبالقدر الذي يتم فيه تطوير هذا القسم بقدر ما يمكن المنظمة من توسيع مدارات عملها وعلاقاتها التجارية وتستعمل نشاطات قسم العلاقات، النشاطين المنظمين والعمالي:

النشاط الأول:

علاقة المنظمة بغيرها مـن المنظمات والجهـات ذات العلاقـة والاتحـادات النقابيـة والعماليـة، ويتولى القسم توثيق وتطوير هذه العلاقات وفق المصالح المتبادلة ومتابعة النزاعات والشكاوى ضـمن دوائر الاختصاص المعنية.

النشاط الثاني:

يتولى قسم العلاقات إجراء الدراسات والمسوحات داخل الشبكة العمالية في المنظمة وإعداد التحليلات عن المشاكل التي تطرأ، ومستوى الرضى القائم فيما بين المنظمة والعاملين، واطلاع الإدارة العليا عليه مع التوصيات المراد منها إيجاد حلول ناجعة تحافظ على ديمومة العمل وآليات الإنتاج وفتح قنوات الاتصال بين القمة والقاعدة في الهرم التنظيمي وذلك بتأمين بيئة مناسبة وآلية للاتصال وإشراك العاملين في رسم سياسات العمل الذي يخدم الطرفين، ويقر قسم العلاقات، الوجه الآخر الذي يعكس صورة المنظمة ودورها التمثيلي في الجوانب الاجتماعية والبيئية.

3. قسم التدريب والتطوير The Training and Envelopment Department:

يتولى هذا القسم مسؤولية تطوير مهارات العاملين. إما لتطوير عجلة الإنتاج أو لأغراض وظيفية لتحسين الوضع الوظيفي للعاملين وترقياتهم...

وتختلف أساليب التدريب والتطوير بين منظمة وأخرى مع اختلاف طبيعة العمل والإنتاج فهناك منظمات تعتمد نشاطات وأساليب متنوعة في التدريب كاستقطاب خبراء أجانب، وتبادل الخبرات وإرسال العاملين في دورات خارجية، والبعض الآخر تعتمد التدريب والتأهيل المنحصر ـ داخل المنظمة والموضوع ضمن استراتيجيات العمل المبدئية.

ويتميز هذا القسم، بأنه المسؤول عن التغيير الداخلي كونها الوكالة المتخصصة بالتطوير، وارتباطه المباشر مع الإدارة العليا يمنحهُ هذه الصفة ويعطيه مزيداً من الصلاحيات التي تنعكس إيجاباً على المنظمة والعاملين.

5. قسم المزايا والمكافآت The Compensation and Benefits Department:

يتمثل عمل هذا القسم في تحديد الأجور ومكافآت ومزايا العاملين في المنظمة، ويعتمد ذلك على نتائج التقييم والدراسات وفق عدالة ومنطق وطبيعة الإنتاج والأداء العمالي وارتباطه المباشر بالإدارة العليا يحقق امتيازات عمالية وزيادة في الإنتاج وظهور التنافسية في العمل ويعود بالمنفعة والرضى على العاملين.

والشكل التالي يبين موقع إدارة الموارد البشرية والأقسام المرتبطة مباشرة بالإدارة العليا.

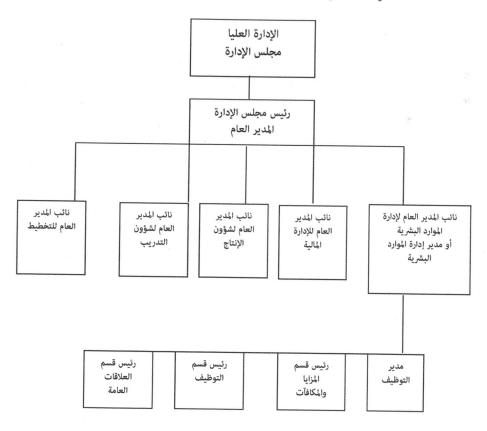

* الوضع التنظيمي لإدارة الموارد البشرية في المنظمات العربية
Human Resources management and Organization

تحدثت كثير من الدراسات الميدانية عن التعثر الملازم لإدارة الموارد البشرية في بعض المنظمات العربية وتواجه بعضاً من المشاكل التي تنحصر في التالي:

تعدد وتنوع التسميات التي تشير إلى النشاطات المتعاملة مع الموارد البشرية وتم الإشارة إلى ذلك في الفصل التمهيدي – تعدد التسميات – لإدارة الموارد البشرية حيث نجد مصطلح **"إدارة التوظيف"** وإدارة شؤون العاملين، وإدارة شؤون الأفراد، وإدارة الموارد والقوى البشرية وغير ذلك من التسميات.

لا تتمتع كثيراً من إدارات الموارد البشرية في عدد من المنظمات العربية بالمهام والمسؤوليات المنوطة بها فعلياً وكما هو في مثيلاتها في الدول المتقدمة. إذ تنحصر كثيراً من مهامها في يد السلطة العليا "المدير العام" أو رئيس مجلس الإدارة، وغالباً ما يكون دور إدارة الموارد البشرية في المنظمات العربية دوراً تنفيذياً إدارياً.

افتقار كوادر إدارة الموارد البشرية إلى التأهيل العلمي وتطوير المهارات، إذ تلعب الواسطة والمحسوبية دوراً كبيراً في التعيين، الأمر الذي ينعكس سلباً على الأداء العام لهذه الإدارة وتحديد سلوكها الوظيفي وحصره بالمهام الإدارية التنفيذية الروتينية.

ولأهمية إدارة الموارد البشرية في المنظمات كونها تساهم في تحقيق وتعزيز الميزة التنافسية، لا بد من إسهامها في الإنتاجية والنوعية، وهذه الاعتبارات كانت السبب الرئيس في اقتراح نظام الجودة الشاملة (Quality Management) في المنظمات اليابانية ومنها انتقلت إلى منظمات كثيرة في العالم.

وعلى المنظمات العربية الاهتمام بالمورد البشري لكي تنهض بمسؤولياتها على الوجه الذي يحقق النقلة النوعية والإنتاجية العامية. وبذلك لا بد من اعتماد مبدأ التوصيف الدقيق لعمل إدارة الموارد البشرية عن طريق توحيد التسمية وتحديد الأدوار والتعريف الشامل للوظائف لتتلاءم مع الوظائف المعيارية للإدارة كالتوظيف والتدريب والتطوير وإدارة الأجور والمكافآت ومنح الدعم الإداري والمالي اللازم لتتمكن الإدارة من ممارسة أدوارها وتنفيذ مخططاتها وبرامجها على أكمل وجه، وذلك بتحديد الموقع المناسب للإدارة في هيكل المنظمة.

الفصل الثاني
التخطيط الاستراتيجي للموارد البشرية

خلصت كافة الدراسات والمسوحات التي أجريت لبيان واقع (الموارد البشرية) في المنظمات العالمية في ظل التطور والتقدم التكنولوجي والعلمي والتقضي والمعرفي، إلى الأهمية القصوى التي تحتلها الموارد البشرية، ومع نهايات القرن العشرين وبدايات القرن الحادي والعشرين تعاظمت هذه الأهمية وبانت في السياسات التنظيمية الحديثة في الدول المتقدمة.

ولنعطي مزيداً من الإيضاحات لا بد وأن نبحث بمفاهيم، وأهداف وفوائد ومراحل تخطيط الموارد البشرية والمشكلات التي تواجهه والاعتبارات الواجب مراعاتها لنجاح التخطيط المورد البشري.

* مفهوم تخطيط الموارد البشرية:

شاع مؤخراً مصطلح تخطيط الموارد البشرية (Human Resources Planning) وأخذ مكانة بدلاً من مصطلح تخطيط القوى العاملة (manpower Planning) ويركز تخطيط الموارد البشرية على احتياجات المنظمات في المستقبل من الموارد البشرية التي تحقق ديمومة دوران عجلة الإنتاج فيها.

وأكدت الرؤى المعاصرة أن عملية تخطيط الموارد البشرية لا تقف عند تحديد الاحتياجات النوعية من الأفراد كماً ونوعاً. ولكنها عملية شمولية تتوجب تخطيط جوانب متعددة ومنها:

- التخطيط للمستقبل الوظيفي.
- التخطيط لتقدير الحاجة من الموارد البشرية.

- إجراء الدراسات والمسوح لأسواق العمالة وتحليل أبعادها.
- التخطيط لطرق التعيين، (الحاجة)، (الإعلان)، (الاختيار)، (التوظيف).

وإذ ما استعرضنا تعريفات وتخطيط الموارد البشرية تكون الشمولية هي:

عملية التقدير والتنبؤ التي تقوم بها المنظمة لتحديد احتياجاتها من القوى البشرية وهي أيضاً مجموعة المبادئ والسياسات والإجراءات المتعلقة بالموارد البشرية والتي بمجملها تهدف إلى تحديد وتدبير الأعداد والمستويات المطلوبة من القوى البشرية لإنجاز الأعمال المطلوبة في الأوقات المحددة لذلك وبتكلفة مناسبة.

وفي ظل هذه التعريفات نستخلص الآتي:

- إن عملية تخطيط الموارد البشرية، لا بد وأن تشمل المنظمة بإداراتها وأقسامها كاملة.
- التخطيط للموارد البشرية هو جزء مكمل لخطة المنظمة ولا بد من إظهار دوره في تحقيق أهداف المنظمة.
- تخطيط الموارد البشرية عملية تحليلية منظمة ودائمة.
- اهتمام تخطيط المورد البشري ببعث كافة جوانب الطلب على العمالة في الأوقات والكلف المناسبة.
- بما أن تخطيط الموارد البشرية هي عملية لمستقبل عمل المنظمة، فهي تحتاج إلى الدقة في التنبؤ والتوقع لاحتياجات المستقبل من الموارد البشرية.

* أهداف تخطيط الموارد البشرية:

1. معرفة الوضع الحالي للموارد البشرية بالمنظمة بشكل تفصيلي: بما يسهم في بيان الصورة الواقعية لقوة العمل الحالية موزعة على المستويات الإدارية والإدارات والأقسام الوظيفية المختلفة.

2. التعرف على مصادر استقطاب الموارد البشرية ودراستها، وتقييمها لبيان الأسلوب الأفضل منها والذي يتوافق مع ظروف المنظمة واحتياجاتها.
3. الوقوف على المشكلات التي تواجه عمليات التخطيط للموارد البشرية وتحد من الاستخدام الفعال لقوة العمل، والسعي لتحليلها ودراسة آثارها في الحاضر والمستقبل.
4. تقديم المقترحات والحلول العلمية للمشكلات التي تواجه تخطيط الموارد البشرية، واستمرار ابتكار الطرق والأساليب الحديثة التي تسهم في تنمية أداء الموارد البشرية.
5. التنبؤ بأعداد ومستويات وهياكل الموارد البشرية اللازمة لمختلف الأنشطة خلال الفترة الزمنية المستقبلية. وبما يغطي التوسعات وعمليات الإحلال لتلك الفترة.
6. وضع السياسات والبرامج المتعلقة بالاختيار والتعيين، وتنمية الموارد البشرية لمواكبة عمليات التخطيط للموارد البشرية وضمان الوصول إلى مستوى عملي وتشغيلي صحيح داخل المنظمة.
7. التعرف على المعروض من العمالة ودراسة وتحليل خصائصهم الجغرافية والديمغرافية، وبحث العوامل والمتغيرات المؤثرة في ذلك من النواحي الاقتصادية والاجتماعية والسياسية والتكنولوجية.
8. العمل على صيانة الموارد البشرية والسعي لرفع كفاءتها الإنتاجية إلى جانب العمل على ضمان الاستقرار النفسي والاجتماعي والصحي لهذه الموارد.

من فوائد تخطيط الموارد البشرية:

1. المساهمة في تحديد أهداف وخطط المنظمة: يسهم تخطيط الموارد البشرية في تحديد أهداف المنظمة وخططها من خلال بيان الأعمال المطلوبة وما تحتاجه من أفراد لإنجازها وما تتطلبه من معايير ومقاييس لأدائها.

2. مواءمة الهيكل التنظيمي مع هيكل الوظائف: تسعى الجهود المبذولة لتخطيط الموارد البشرية إلى إتاحة الفرصة أمام المنظمة لمراجعة هيكلها التنظيمي مع الهيكل الوظيفي بها.

3. تنمية وتطوير سياسات الموارد البشرية: تعمل جهود تخطيط الموارد البشرية على تطوير سياسات الاختيار والتعيين، والتدريب والتنمية والحوافز والمكافآت.

4. تحقيق الاستفادة القصوى من الكفاءات البشرية المتاحة: تعمد جهود تخطيط الموارد البشرية إلى الاستفادة القصوى من المصادر البشرية المتاحة مما يتطلب استمرار دراسة قدرات وإمكانات ومهارات الأفراد وإعداد الهيكلة المناسبة وإجراء إعادة التوزيع المناسب بما يحقق الأهداف التنظيمية.

5. الحصول على متطلبات المنظمة من العمالة: تتيح جهود الموارد البشرية الحصول على ما تحتاجه المنظمة من عمالة لتحقيق أهدافها المستقبلية مع ضمان فعالية ورضاء العاملين.

6. المساهمة في تحقيق خطط الإنتاج: تسهم عملية تخطيط الموارد البشرية في تحقيق خطط الإنتاج في مواعيدها وبالشروط المتفق عليها من خلال توفير الأعداد المناسبة بالكفاءة والمهارة المطلوبة.

7. معايير الكفاءة الوظيفية Job Competency: تعرف الكفاءة الوظيفية على أنها الخصائص الواجب توافرها في الأفراد الممارسين للوظيفة بما يمكن من تحقيق الأداء الفعال لمهام الوظيفة، وذلك ببيان معايير الأداء الواجب الالتزام بها، ومقاييس الحكم على مدى الكفاءة في ممارسة أنشطة ومهام الوظيفية.

* مفهوم تحليل الوظائف:

دون توفر المعرفة الكاملة عما يجب أن يقوم به العاملين في وظائفهم، فإن تستطيع المنظمات إتمام إجراءات اختيار الموارد البشرية أو ترقيتها أو تدريبها أو تقييم

أدائها أو تحفيزها بشكل فعال. فعلى سبيل المثال كيف يمكن لمنظمة ما تعيين احتياجاتها من الأفراد دون وجود المعلومات الأولية عن المعارف والقدرات والسلوكيات والأدوات المطلوبة لأداء الوظيفة؟ كيف يمكن لمنظمة ما أن تدرب أحد موظفيها دون وجود المعلومات الأساسية لما يجب أن يمارسه هذا الموظف من مهام؟ إن تحليل الوظائف يمد الأفراد والمنظمات بتلك البيانات والمعلومات الأساسية التي تسهم في زيادة فعالية الأداء.

ولكي تتمكن إدارة الموارد البشرية من تحليل وظائفها بدقة لا بد من الإجابة على بعض الأسئلة مثل:

1. من الذي يقرر عدد الوظائف وأهميتها؟
2. ما هي المواصفات والخصائص المرتبطة بالوظيفة؟
3. ما هي العلاقات الداخلية وسبل الاتصال بين مختلف الوظائف؟
4. هل يتم مراجعة تصميم ومكونات كل وظيفة؟ وكيف يتم ذلك؟
5. ما هو الحد الأدنى للمؤهل المطلوب لكل وظيفة؟
6. ما هي أهم أهداف تنمية الوظيفة وما هي البرامج المعدة لذلك؟
7. كيف يمكن قياس الأداء لكل وظيفة؟
8. ما هو المقابل المادي لكل وظيفة؟

ومن المعروف أن المنظمات الرائدة في كافة أنحاء العالم تعيد تفكيرها بصورة مستمرة في المبادئ والأسس التي تحدد تصميم الوظائف، والأرقام المطلوبة للتوظف، والمهارات والخبرات الواجب توافرها في الأفراد اللازمين لشغل هذه الوظيفة، ولذا تبدو الحاجة مستمرة إلى عملية تحليل الوظيفة.

ويمكن القول بصفة عامة أن هناك عنصرين أساسين يجب أخذهما في الاعتبار عند التفكير في تحليل الوظائف وهما:

أ. **التفكير المستمر في العوامل المرتبطة بالوظيفة:** بمرور الوقت يتغير كل شيء، حتى الوظائف، فإذا كان المدخل التقليدي يرى أن متطلبات الوظيفة وخصائصها لا تتغير، فقد كانت الوظيفة شيئاً ثابتاً، صمم ليبقى رغم تغير شاغلها. أما الآن وحسب المداخل المعاصرة فمن المعروف أن العمل المراد إنجازه بفعالية، لا بد أن يتغير طبقاً لتغير من يشغله وليواكب تغير الظروف الأخرى، إن طبيعة الوظيفة يمكن أن تتغير لعدة أسباب من أهمها:

1. **الوقت:** فالمحاسبون على سبيل المثال يؤدون أعمالاً مختلفة في أوقات مختلفة من السنة.
2. **الأفراد:** فمن المعروف أن معدل الأداء في وظيفة ما يختلف باختلاف شاغل الوظيفة.
3. **البيئة:** تؤثر التغيرات البيئية تأثيراً جوهرياً على تحليل الوظائف، فمثلاً التغيرات التكنولوجية غيرت الكثير من وظيفة السكرتارية.

ب. **إن تحليل الوظيفة يشمل تحديد مواصفات شاغلها:** حتى تكتمل عملية تحليل الوظائف لا بد من بيان الشروط والخصائص الواجب توافرها فيمن يشغل هذه الوظائف.

ويمكن تعريف عملية تحليل الوظائف بأنها:

"جمع وتسجيل وتحليل كافة البيانات التفصيلية عن الوظائف، بما يمكن من تحديد خصائص ومواصفات مكونات الوظائف بطريقة واضحة ومفهومة تحدد المجالات والواجبات والمسؤوليات المطلوبة من الوظيفة، ودور تلك الوظيفة في تحقيق أغراض معينة وعلاقاتها ببقية الوظائف في المنظمة".

وحتى يمكن القيام بعملية تحليل الوظائف يجدر القيام بالخطوات التالية:

1. تجميع وتسجيل كافة البيانات المتعلقة بالوظيفة.
2. مراجعة البيانات وتحليلها وتدقيقها.
3. كتابة الوصف الوظيفي بناء على البيانات السابق تجميعها ومراجعتها.

4. استخدام البيانات والمعلومات السابقة لتحديد المعارف والقدرات، والمهارات المطلوبة للوظيفة.

5. تحديث المعلومات وتطويرها من وقت إلى آخر.

* مراحل وخطوات عملية تحليل الوظائف The Job Analysis Process:

تتكون عملية تحليل الوظائف من أربع مراحل رئيسية يمكن تفصيلها إلى عشر خطوات فرعية، كما يوضحها الشكل التالي حيث يتم في **المرحلة الأولى** التخطيط لعملية تحليل الوظائف وذلك من خلال بيان أغراض عملية تحليل الوظائف واستخدامها، كذلك تحديد العوامل الواجب مراعاتها عند الرغبة في تحليل الوظائف.

مراحل وخطوات تحليل الوظائف

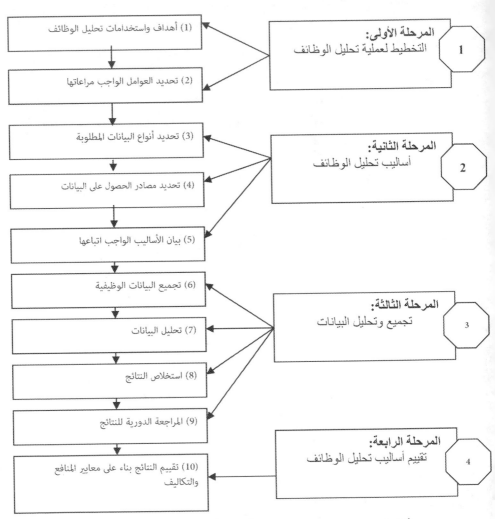

أما **المرحلة الثانية** فتهتم بتحديد الأسلوب أو الأساليب التي يمكن اتباعها لتحليل الوظيفة، وبيان أنواع البيانات المطلوبة لعملية التحليل وهي مصادر الحصول على تلك البيانات، وتحديد الإجراءات الواجب اتباعها لتجميع تلك البيانات.

وفي **المرحلة الثالثة** يتم تجميع البيانات وتحليلها، إذ يقوم محلل الوظيفة بتجميع معلومات الوظيفة وتحليلها وتقديم تقرير واضح ومفهوم يمكن استخدامه بشكل ميسر، وإعادة مراجعة المعلومات للاطمئنان إلى سلامتها واكتمال موضوعيتها.

وفي **المرحلة الرابعة** يقوم محلل الوظيفة بتقييم أساليب تحليل الوظيفة بشكل شمولي وصياغة الوظيفة في شكل مصطلحات محددة من خلال فوائدها ومنافعها وتكاليفها وأعبائها.

وفيما يلي نتناول مراحل وخطوات تحليل الوظائف بشيء من التفصيل:

المرحلة الأولى: التخطيط لعملية تحليل الوظائف:

عند القيام بالتخطيط لعملية تحليل الوظائف تهتم المنظمة بدراسة عدة موضوعات أهمها:

- أهداف واستخدامات تحليل الوظائف، إذ تقرر المنظمة ما الذي تريد أن تحققه من خلال بيانات تحليل الوظيفة؟
- أنواع الوظائف التي تريد أن يشملها برنامج التحليل، وذلك من خلال تحليلها لأهم الاعتبارات الواجب دراستها عند الرغبة في تحليل الوظائف.

ومن ثم يمكننا تناول هذه المرحلة من خلال الخطوتين التاليتين:

1. أهداف واستخدامات تحليل الوظائف:

هناك العديد من الأساليب التي تدعو إلى ضرورة القيام بتحليل الوظائف، من أهم تلك الأسباب الاستخدامات المتعددة لتحليل الوظائف في منظمات الأعمال. كتخطيط الموارد البشرية، وتتبع إجراءات الاختيار والتعيين، وتدريب الأفراد، وتقييم الأداء، وإعداد هيكل عادل للأجور، هذا بالإضافة إلى التعرف على الواجبات المطلوبة من الوظيفة والمؤهلات والمهارات الضرورية للقيام بتلك الواجبات.

وفيما يلي نبذة عن أهم استخدامات تحليل الوظائف Uses Of Job Analysis:

أ. **تخطيط الموارد البشرية:** بعد استقرار المنظمة على بناء استراتيجيتها وغاياتها وأهدافها، فإن الخطوة التالية تتمثل في التخطيط لمواردها البشرية المطلوبة لتحقيق تلك الغايات والأهداف، وذلك في صورة أعداد معينة توزع على الوحدات الإدارية بحسب الحاجة إليها، هذا إلى جانب بيان المهارات والمعارف والخبرات المطلوبة لكل منها في الوقت والمكان المناسبين، ويتوقف تحقيق ذلك على نتائج تحليل وتوصيف الوظائف وتصميمها. وعلى ذلك فإنه يجب:

- تحديد المخرجات التي يجب أن تحققها المنظمة.
- اتخاذ القرارات الخاصة بتحديد أعداد وأنماط الوظائف المطلوبة لتحقيق تلك المخرجات.
- ومن ثم يجب تصميم الوظائف أو إعادة تصميمها بما يواكب الطلب المتوقع.
- وبعد ذلك يجب تحديد أعداد وأنواع العمالة المطلوبة لأداء تلك الوظائف...

ب. **الاختيار والتعيين:** قبل أن تتم عمليات الاختيار والتعيين لا بد للمنظمة أن تقوم بعملية تحليل وتصميم الوظائف حتى تتمكن من تحديد المؤهلات والخبرات والخصائص والشروط الواجب توافرها في الأفراد.

إن قيام المنظمة بتوصيف وبيان الشروط الواجب توافرها يسهم إلى حد كبير في بيان كيفية شغل الوظيفة وبواسطة من يجب شغلها.

ج. **تقييم الوظائف:** يعد تقييم الوظائف من أهم الأسباب الداعية لتحليلها فبدون المعلومات الواضحة والمحددة عن الوظائف والتعرف على أهميتها ومكانة كل منها ومقارنتها بغيرها من الوظائف لا يمكن تقييمها على الوجه الصحيح.

د. التدريب والتنمية: تفيد معلومات تحليل الوظائف بشكل كبير في تحديد الاحتياجات التدريبية، فبدون تلك المعلومات يبدو صعباً تحديد النتائج والمقاييس الخاصة بالأداء والكفاءة المطلوبة وبالتالي بيان أبعاد العملية التدريبية الواجب التخطيط لها.

هـ. إعادة تصميم الوظيفة: إن المتغيرات المؤثرات على أنشطة المنظمات ومخرجاتها متعددة ومتباينة، وخاصة في الوقت الحلي والمستقبلي مما يدعو إلى ضرورة مراعاة عنصر المرونة. ومن ثم يجب الأخذ في الاعتبار هذه التغيرات وعوامل الحداثة عند إعادة تجميع البيانات عن الواجبات والمسؤوليات والطرق المتعددة لأداء الوظيفة. إن القيام بهذا النشاط بشكل فعال يتطلب بيانات ومعلومات دقيقة عن أنشطة ومهام الوظيفة الحالية والمتوقعة ولذا يجب دراسة:

- تصميم الوظائف/ إعادة تصميمها لزيادة الكفاءة أو لتدعيم الدافعية.
- تحديد خطوط السلطة والمسؤولية.
- تحديد العلاقات الضرورية فيما بين مجموعات العمل.

و. تقييم الأداء: تهدف عملية تقييم الأداء إلى التأكد من أداء الأفراد لمهام وأنشطة وظائفهم بما يحقق الفعالية المطلوبة، ولهذا فإن لقياس وتقييم الأداء يصبح من الضروري مقارنة متطلبات الوظيفة وخصائصها وما يقوم به الأفراد من ممارسات وأعمال.

ز. مراجعة التنظيم وإعادة الهيكلة: عندما تبدأ عمليات إعادة التنظيم والنظر في هيكل المنظمة فإنه يصبح من الضروري تجميع كافة المعلومات اللازمة عن مكونات وخصائص كل الوظائف التي يحتوي عليها، ويجب أن تؤخذ في الاعتبار كافة العوامل المتصلة بالتداخل بين الوظائف أو إمكانية اندماج بعضها أو تقسيمها لتحقيق أهداف التنظيم.

ح. **حقوق العاملين:** يسهم تحليل الوظيفة وبيان خصائصها ومواصفات شاغلها في تحديد الحقوق المترتبة للعاملين مع بيان العلاقة بين جهات العمل والعاملين بها، وكذلك تحديد النواحي القانونية والشرعية الحاكمة كعلاقة الموظف بعمله في مختلف مجالاته.

وهكذا تهتم بيانات تحليل الوظائف بالمعلومات المطلوبة عن كل ما يتعلق باستقطاب واختيار الموارد البشرية التي يمكن التحاقها بالمنظمة، كما تهتم ببرامج تدريب الأفراد وتنمية قدراتهم وتقييم أدائهم وتحديد الأدوار المنتظر ممارستها من شاغل كل وظيفة. هذا بالإضافة إلى استخدامات تحليل الوظيفة في موضوعات الأجور والتحفيز وتحديد الهيكل العادل للأجور حفاظاً على العمالة وتنمية أدائها كما تستخدم إجراءات تحليل الوظائف لتصميم العمل لتعظيم الكفاءة فلقد تحققت الفعالية التنظيمية لدى اليابان في صناعة السيارات والصناعات الإلكترونية نظراً لتصميم العمل اعتماداً على أساليب العمل الجماعي، والتحديد الدقيق والتفصيلي لتحليل الوظيفة، وتحديد طبيعة الوظيفة وتصميم بيئة العمل التي تسمح بالأداء الكفء لمتطلبات الوظيفة وأخيراً يفيد تحليل الوظائف في عملية تصنيف الوظائف Job classification وهو يمثل خطوة وسط بين تجميع البيانات واستخدامها وهنا يقوم محلل الوظيفة باستخدام البيانات المتاحة لتجميع الوظائف في مجموعات متشابهة تفيد في عمليات الاختيار والتقييم وتحديد الأجور، والإجراءات الأخرى المطلوبة داخل كل مجموعة وظيفية.

2. العوامل الواجب مراعاتها عند الرغبة في تحليل الوظائف:

توجد مجموعة متعددة من العوامل الواجب أخذها في الاعتبار عند الرغبة في تحليل الوظائف تمثل هذه العوامل مجموعة المعايير الواجب مراعاتها، فمثلاً تركز أنشطة المتخصصين في مراقبة الجودة والوظائف المتداخلة والتي تحتاج إلى تدريب وتنمية

مستمرة. هذا ويجب مراعاة الاعتبـارات القانونيـة والشرعية عنـد تحليـل الوظائف. وكذلك تراعى إمكانات شغل الوظيفة عن طريق المرأة وتأثيرات ذلك على الأداء.

وبالإضافة إلى ذلك فإن الحاجة تصبح مُلحة لعمليات التحليل عند تطبيق تكنولوجيا معاصرة أو الأخذ بمقترحات جديدة لتطوير طرق الأداء، وتتم الحاجة إلى تحليل الوظائف أيضاً عند التخلص من بعض الوظائف وتوزيع مسؤولياتها وواجباتها على الوظائف الأخرى في التنظيم، وتصبح أهمية التحليل كبيرة كذلك في حالة التوسع والأثر الوظيفي.

المرحلة الثانية: أساليب تحليل الوظائف:

لتحديد أسلوب أو أساليب تحليل الوظائف، فإن محلل الوظيفة يجب أن يقرر:

1. البيانات الواجب تجميعها.
2. مصادر الحصول على البيانات.
3. اختيار الأسلوب المناسب لجمع البيانات.

وفيما يلي نبذة عن كل منها:

1. أنواع البيانات المطلوبة عن الوظيفة:

هناك العديد من البيانات التي يمكن تجميعها لتحليل الوظيفة تشتمل هـذه البيانـات عـلى المجالات والمهام والسلوكيات، والقدرات المطلوبة، وخصائص الوظيفة، والمعلومات عـن الأدوات والمعـدات التـي تستخدمها الوظيفة ومن أهم أنواع تلك البيانات:

أ. سلوك الوظيفة: فيتم تحديد الأنشطة والتصرفات التـي يقـوم بهـا شـاغل الوظيفة بحيـث تصـاغ في صورة مصطلحات محددة.

ب. **القدرات المطلوبة:** وتمثل القدرات الضرورية المطلوبة لأداء الوظيفة، إذ يجب أن تحدد قائمة بالقدرات العضلية والجسمانية والنفسية اللازمة لأداء الوظيفة، فعلى سبيل المثال وظيفة السكرتير تتطلب بعض القدرات الجسمانية كالقدرة على استخدام الأيدي والأصابع والذراعان، والقدرة العامة لتحمل أعباء العمل.

ج. **خصائص الوظيفة:** وتمثل العوامل الأخرى التي تتطلبها الوظيفة مثل:

- استخدام المهارات المختلفة ومواهب الموظف لإتمامها.
- القدرة على إتمام بعض الأعمال دون الاعتماد على التفاصيل.
- تقديم بعض الأنشطة الأساسية للأفراد والمجتمع بشكل متكامل.
- إمداد الموظف بقدر من الحرية لتحديد المطلوب وتحقيق الإنجاز.
- السماح للموظف بالتعليم المستمر.

د. **الأدوات والمعدات المطلوبة:** عندما يتطلب أداء مهام الوظيفة بعض الآلات أو المعدات أو الأدوات أو أي وسائل مساعدة لأداء العمل، فإنه يجب توفير كافة البيانات المتعلقة بها عند تحليل الوظيفة سواء كانت بصورة كمية أو كيفية، فالبيانات الوصفية تقدم بيانات غير رقمية تصف السلوك أو القدرة أو الخصائص والأدوات المطلوبة للوظيفة، أما البيانات الكمية فإنها تتعلق بالخصائص المحددة بالأرقام وهي تسمح للمحلل بإجراء المقارنات بين الوظائف، وتحديد نتائج أعمال الوظيفة وتقييمها وتطويرها.

2. **مصادر الحصول على البيانات:**

- ما هي أنواع الوظائف؟ وما هو عددها؟
- وما هي درجة تشتتها الجغرافي؟... كل هذه عوامل هامة يجب مراعاتها عند تحديد الأساليب الواجب الاعتماد عليها لتحليل الوظائف فعلى سبيل المثال إذا أرادت شركة IBM وهي شركة عالمية تعمل في مجال الحاسبات أن تحلل وظائفها عن طريق

الملاحظة المباشرة في مختلف أماكنها فإنها ستتحمل ملايين الدولارات وسيتطلب الأمر سـنوات طويلـة حتى تكتمل عملية التحليل ولذا على الشركة تحديد الأساليب المناسبة لكي تبدأ بالتحليـل المتكامـل لوظائفها.

يمكن الحصول على البيانات اللازمة لتحليل الوظائف مـن عـدة مصـادر بعضـها يعتمـد علـى الأفراد، وبعضها الآخر لا يعتمد على الأفراد، ومن بين المصادر الخاصة بتجميع البيانات من الأفراد:

- محلل الوظائف.
- الموظف (القائم بالعمل).
- المشرف على الموظف.
- الخبراء أو المستشارين.

أما مصادر تجميع البيانات التي لا تعتمد على الأفراد فمنها:

- بيان الوصف والتوصيف الوظيفي.
- سجلات صيانة المعدات والآلات.
- تصميم المعدات.
- أفلام عن الأعمال التفصيلية للموظفين.
- التدريب ومواد التدريب والتنمية الوظيفية.
- المحاضرات ووسائل الإعلام.

3. **أساليب تحليل الوظائف** Techniques Of Job Analysis:

هناك عدة أساليب يمكن الاعتماد عليها لتيسير عملية تحليل الوظائف من بينها:

- المقابلات Interviews.
- التقارير الذاتية Self-Reports.
- قوائم الاستقصاء Questionnaires.
- قوائم المراجعة Checklists.
- سجل الموظف اليومي Diaries and logs Observation.
- الملاحظة Observation.
- ملاحظة الزملاء Participant Observation.
- طريقة الأحداث الجوهرية Critical Incident Method.
- التحليل المتتابع للمهام Hierarchical Task Analysis.
- تحليل مستودع البيانات Repertory Grid.
- تقييم الكفاءة Assessment Competence.

وفيما يلي نبذة عن أهم تلك الأساليب:

أ. **المقابلات** Interviews:

يجب أن تتم مقابلات تحليل الوظائف بالطريقة الفعالة التي تحقق الأهداف المنشودة، ومن أهم الاعتبارات الواجب مراعاتها حتى يتحقق النجاح لمقابلات تحليل الوظائف ما يلي:

* الإعداد للمقابلة:

1. التأكد من إبلاغ الأفراد الذين سيتم مقابلتهم بمواعيد وأماكن المقابلات.
2. اختيار المكان المناسب والمريح لإجراء المقابلة.
3. التهيئة النفسية والمعنوية للمقابلين بما يؤدي لسيطرة الموضوعية، وتدنية التحيز.

* افتتاح المقابلة:

1. وضع الموظف في جو مريح ومطمئن. التعرف باسمه وعملـه وتعريفـه بسـمك والحـديث معـه في أحاديث عامة حتى يأنس الجو والمناخ المحيط به.

2. صف بوضوح الغرض من المقابلة، وتأكد مـن فهـم الموظف لـذلك، وبـين لـه دور المعلومـات التـي سيقدمها وأهميتها لكل من العاملين والمنظمة.

3. شجع الموظفين على التحدث، وكن لطيفاً معهم وأظهر اهتمامك وإخلاصك لما يقول.

* إدارة المقابلة:

1. ساعد الموظف للحديث عن واجبات الوظيفة بصورة طبيعية ملتمساً فيها التسلسل بحسب مـرور الوقت اللازم لأداء العمل.

2. حافظ على حيوية المقابلة وتنشيطها للحصول على أفضل كم من البيانات مستعيناً بمهارات التحدث المعروفة كالتوقف عن الحديث لبرهة أو جذب انتباه الموظف بسؤال غير متوقع، أو إعادة حديثه بصورة ملخصة أو غير مرتبة.

3. السماح للموظف بالوقت الكافي للتفكير والإجابة عما يطرح عليه من أسئلة، حاول أن تسـأل سـؤالاً واحداً ولا تتعجل الإجابة أو ترهقه بسرعة إلحاحك.

4. تجنب الأسئلة التي يمكن الإجابة عليه بـ(نعم) أو بـ(لا) فقط.

5. تجنب الأسئلة العامة الفضفاضة.

6. استخدام اللغة السهلة والمفهومة للموظف.

7. لا تكن متحفظاً أو منعزلاً أكثر من اللازم، وبين الفوائد الشخصية التي سيستفيد منها الموظف.

8. حاول أن تكون مستقراً، ومتناسقاً مع أهمية المقابلة، ولا تدع للموظف زمام إدارة دفة الحديث.

9. حاول أن تحصل على كـل المعلومات التي تحتاج إليها عـن الوظيفـة، والتي يمكن للموظـف أن يقدمها.

٭ إنهاء المقابلة:

1. أظهر أن المقابلة تقترب من نهايتها من خلال بعض الأسئلة التي تلقيها أو التعبيرات والحركات ونبرات الصوت.

2. لخص أهم المعلومات والموضوعات التي أبداها الموظف، واسأل الموظف هل شمل ملخصك جميـع ما اشتملت عليه المقابلة.

3. اختم المقابلة بتحية طيبة مع تقديم الشكر والامتنان للموظف على حسن تعاونه وإنصاته وحديثه.

ب. التقرير الذاتي Self-Reports:

يمكن سؤال شاغلي الوظائف عن خصائص ومهام وظائفهم، ثم إعداد التوصيف اللازم للوظيفة، عن طريق إعداد تقارير تفصيلية تحتوي على كافة بيانات الوظيفة تقدم بصورة مكتوبة، ويتطلب هذا الأسلوب تدريب الأفراد على مهارة كتابة التقريـر الفعالـة عـن وظائفهم ويتميـز بالواقعيـة والحداثـة لمعايشة الأفراد للوظائف وإحساسهم بالاطمئنان والتقدير لأنهم هم الذين يرصدون مهـام وظائفهم، ولكن يؤخذ على هذا الأسلوب عدم دقة البيانات وجودتها أحياناً لتحيز شاغلي الوظائف أو عدم عرض البيانات بالصورة المطلوبة لافتقادهم مهارة الكتابة وحسن التعبير.

ج. قوائم الاستقصاء Questionnaires:

يعد أسلوب قوائم الاستقصاء من الأساليب واسعة الانتشار المستخدمة في الحصول على البيانات والمعلومات المتعلقة بالوظائف، خاصة عندما يكون هناك عدداً كبيراً من الأفراد يجب تحليل وظائفهم، وتعد طريقة غير مكلفة ولا تحتاج إلى وقت

طويل إذا ما قورنت بتجميع المعلومات عن طريق المقابلات هذا بالإضافة إلى أن تجميع عدد كبير من إجابات الأفراد على أسئلة موحدة يمكن من إجراء التحليل الصحيح.

ومن أهم المعلومات الواجب الحصول عليها لتحليل الوظائف بصورة دقيقة:

1. تعريف الوظيفة وتحديد المسمى المعروفة به.
2. تحديد علاقات الوظيفة الرأسية والأفقية.
3. بيان مكونات الوظيفة وأغراضها الرئيسة.
4. بيان مقاييس ومعايير الأداء الخاصة بالوظيفة.
5. الخصائص الشخصية لشاغل الوظيفة.
6. القيود الخاصة بالسلطة ومدى القدرة على اتخاذ القرارات.
7. الإحصائيات ذات العلاقة المرتبطة بالنواحي المالية والأدوات والمعدات والموارد وكافة البيانات المرتبطة بالنتائج.
8. ظروف العمل المادية والمعنوية.
9. المعلومات الأخرى التي لها علاقة وثيقة بالوظيفة.

ويوضح الشكل التالي نموذج استقصاء تحليل وظيفة:

نموذج
استقصاء تحليل الوظيفة

1. تعريف الوظيفة:

مسمى الوظيفة ودرجتها:...

موقع الوظيفة: ....

محلل الوظيفة: ....

التاريخ: / /2000م

2. ملخص عام عن الوظيفة:

....

....

3. واجبات الوظيفة:

....

....

4. الإشراف الذي تمارسه الوظيفة:

....

....

5. الإشراف الواقع على الوظيفة:

....

....

....

6. العلاقات مع الوظائف الأخرى:

الوظائف التي ترقى إلى الوظيفة:

....

....

الوظائف التي ترقى إليها الوظيفة:

....

7. الآلات والأدوات والمعدات التي تستخدمها الوظيفة:
....
....

8. ظروف العمل:
المادية:
....

المعنوية:
....

9. خصائص ومواصفات شاغل الوظيفة:
المتطلبات الجسمانية والعضلية:
....
....

المؤهلات العلمية:
....
....

المؤهلات الخاصة:
....
....

الخبرات المطلوبة لشغل الوظيفة:
....
....

البرامج التدريبية المطلوب الحصول عليها قبل التعيين:

10. المقترحات لزيادة إنتاجية الوظيفة:
مقترحات تتعلق بتنظيم العمل:
....

مقترحات تتعلق بالصلاحيات المحددة للوظيفة:
....

مقترحات تتعلق بتوزيع العمل على وقت الوظيفة:
....

مقترحات تتعلق بالنماذج والسجلات المستخدمة في الوظيفة:
....

مقترحات تتعلق بتنظيم مكان العمل (أدوات-آلات-مكاتب-إضاءة-تهوية... الخ):
....

مقترحات تتعلق بتسهيل الرجوع إلى الرؤساء.
....

11. الشروط والخصائص الخاصة (الفريدة) التي تتطلبها الوظيفة:
....
....
....
....
....
....
....

د. قوائم المراجعة Checklists:

تقدم قائمة المراجعة مجموعة من العناصر تساعد في تحليل وظيفة معينة، ويقوم شاغل الوظيفة والمشرف عليها بالإجابة على الأسئلة المتعلقة بتلك العناصر. وهذا الأسلوب مفيد خاصة في حالة وجود عدد كبير من الوظائف الروتينية التي يتم العمل فيها على وتيرة واحدة حيث تتشابه مهامها وأنشطتها.

ويمكن القول أن هذا الأسلوب يتميز بالسهولة والسرعة في التطبيق في حالة الأعداد الكبيرة من الوظائف المتشابهة، ولكن تتمثل المشكلة الرئيسية المتعلقة بهذا الأسلوب في الحاجة إلى إعداد قائمة شاملة ودقيقة للعناصر المراد دراستها وتحليلها حتى يحصل محلل الوظائف على الصورة الحقيقية والواقعية لتحليل الوظيفة المطلوبة.

هـ سجل الموظف اليومي Diaries and Logs:

يمكن الاعتماد على تدوين الملاحظات وتسجيلها بصورة يومية أولاً بأول، حيث يطلب من شاغل الوظيفة تدوين كافة الأنشطة والمهام التي يمارسها طوال يومه بحسب قيامه بها.

ويناسب هذا الأسلوب المستويات الإدارية العليا، وإن كان يحتاج إلى مراعاة الدقة والمتابعة لما يتطلبه من وقت يتسم بالأهمية حيث يرتبط تطبيقها بأشخاص ليس لديهم الوقت الكافي لتدوين الملاحظات والمقترحات المطلوبة.

و. الملاحظة Observation:

تعد الملاحظة من بين الأساليب العامة المعروفة للحصول على البيانات والمعلومات لتحليل الوظائف، ويمكن القول أن هذا الأسلوب يمثل الأساس الجوهري عند دراسة العمل والتعرف على الحركة والزمن المطلوبين لأدائه.

ز. **ملاحظة الزملاء** Participant Observation:

يمكن تدعيم أسلوب الملاحظة الذي يتم بناء على ما يراه محلل الوظيفة بملاحظة الزملاء وأفراد المجموعة المشاركين للفرد الذي يؤدي الوظيفة وذلك للحصول على كافة البيانات المتعلقة بالوظيفة بصورة شمولية. حيث أن الأفراد المشاركين يعايشون الفرد ويلاحظون تكراره لمهام وظيفته مما يسمح لهم بمتابعة كافة إجراءات العمل.

ح. **طريقة الأحداث الجوهرية** Critical Incident Method:

يقوم هذا الأسلوب على أساس سؤال شاغل الوظيفة عن أهم الأحداث الجوهرية والحرجة التي واجهته عند أدائه لمهام وظيفته حيث يهتم محلل الوظيفة بتكوين صورة واضحة عن المجالات الأساسية ذات العلاقة الوثيقة بنجاح أو فشل الوظيفة. ويعتمد نجاح هذا الأسلوب على قدرة الأفراد على تذكر الأحداث الجوهرية في حياتهم الوظيفية وبيان تأثيرها على الأداء والوظيفي. ويتم ذلك من خلال إجراء مقابلات متعمقة مع الأفراد للوقوف على التصرفات السلوكية في الأحداث الحرجة في وظائفهم وتأثيراتها المختلفة على الأداء الوظيفي.

ط. **التحليل المتتابع للمهام** Hierarchical task Analysis:

يعتمد هذا الأسلوب على تجزئة الوظيفة إلى عدة مهام متتابعة ثم يتم تجزئة الأخيرة بدورها إلى مهام فرعية Subtasks، ويسهم ذلك في بيان الأهداف أو النتائج المراد تحقيقها من كل مهمة، ومن ثم بيان الوصف التحليلي لما يجب أن تمارسه الوظيفة وتحديد المقاييس الواجب الالتزام بها لتحقيق ذلك، وبيان الظروف والمتغيرات المناسبة الواجب مراعاتها لتحسين أداء المهام.

ي. تحليل مستودع البيانات Repertory Grid:

يركز هذا الأسلوب على دراسة مكونات الوظائف من خلال التعرف على الاختلافات بـين الأداء العالي والأداء المنخفض، إنه أسلوب مناسب للحصول على الخصائص الشخصية، ووجهة نظر الأفراد بصورة شاملة، إذ يقوم محلل الوظيفة بإجراء مقابلات مع أحد المـديرين للحصول علـى آرائـه حـول وظيفة ما، من ناحية أداء الأفراد لها في حالات متباينة وذلك اعتماداً على بيان معايير الأداء المختلفة مع فصل كل جزئية من تلك الأنشطة على حده وبذلك يمكن تكوين صورة واقعية عن متطلبات الأداء الفعال للوظيفة.

ك. تقييم كفاءة الأداء Competence Assessment:

يعتمد أسلوب تقييم كفاءة أداء الوظيفة على أساس الخطوات التالية:

أ. تحديد معايير فعالية الأداء مثل المبيعات، الأرباح، الإنتاجية، تقييم الزملاء، العملاء، المرؤوسين.

ب. تحديد المقاييس المميزة للأداء مثل تحقيق نسبة زيادة مقدارها 10% على ما تم تحديده لتحقيق الأهداف.

ج. جمع البيانات بالطرق المختلفة، مثل وصف المجموعات لما يمثل عناصر الكفـاءة، أو إعـداد مسـح لدراسة مختلف حالات الأفراد، أو قيام الخبراء بإعداد قاعدة بيانات حول عوامل الكفاءة أو إجراء مقابلات لدراسة الأحداث والتصرفات السلوكية أو عن طريق الملاحظة بمختلف أبعادها.

د. تحليل البيانات وبيان متطلبات كفاءة الأداء ومجالات التميز.

هـ. تحديد مدى صدق وثبات معايير الكفاءة حتى يمكن الاعتماد عليها في تحليل أعمال الوظيفة.

المرحلة الثالثة: تجميع البيانات وتحليلها:

يتعامل محلل الوظائف مع العديد من المجالات والأبعاد المرتبطة بعملية التحليل، ويجب أن يوليها الاهتمام الكافي حتى يمكن التوصل للتحليل الأمثل للوظيفة، أما إذا كانت البيانات غير كاملة أو غير صحيحة فإن عملية تحليل الوظائف لن تحظى بالنجاح المطلوب، وحتى يمكن القيام بهذه المرحلة على الوجه الأكمل يجب إتمام الخطوات التالية:

1. **تجميع بيانات الوظيفة:** حتى يمكن تجميع البيانات الخاصة بتحليل الوظائف بشكل صحيح:

أ. الحصول على موافقة الإدارة العليا وتجاوبها.

ب. تجنب التحيز عند تجميع البيانات حتى لا يؤثر ذلك على دقة عملية التجميع.

ج. إتمام المقابلة في ظروف إيجابية وموضوعية حتى تسهم في تجميع البيانات بسهولة ويسر.

د. التأكد من موافقة الإدارة العليا ومساندة أعضائها وتفهمهم لعملية التحليل وأهدافها، ولذا يجب أن يراعي محلل البيانات الإرشادات والتوجيهات التالية:

- كسب تأييد الإدارة العليا لعملية التحليل منذ الخطوات الأولى لمشروع تحليل الوظائف.

- التنسيق فيما بين جميع الأنشطة التي سيتم تحليلها من خلال وظائف إدارة الموارد البشرية بالمنظمة.

- إمداد الأفراد الذين سيتولون مرحلة تجميع البيانات بالمعلومات اللازمة عن الأهداف والإجراءات وطبيعة عملية التحليل وأهميتها.

ويجب أن تتسم البيانات التي سيتم تجميعها بالدقة والحداثة وتقديم الصورة الحقيقية الصادقة عن أنشطة العمل، لذا يجب مراعاة العينات – إذا تم الاعتماد عليها في عملية التحليل – ومدى تمثيلها لمجتمع الدراسة حتى لا يحدث التحيز أو الخطأ.

2. **تحليل البيانات:**

بعد تجميع بيانات الوظيفة، تبدأ عمليات وأنشطة تحليل تلك البيانات، وهناك العديد من الطرق التي يمكن الاعتماد عليها لتحليل هذه البيانات منها ما هو وصفي ومنها ما هو يعتمد على الأساليب الإحصائية والرياضية. إن محلل البيانات يجب أن يحدد قبل تجميع البيانات ما هي إجراءات وطرق التحليل التي سيتبعها بما يفيد في عملية التجميع ذاتها حتى لا ينتهي من التجميع ويتضح له أن هناك قصوراً في البيانات أو وفرة لا داعي لها.

يقوم محلل البيانات أيضاً بالتأكد من البيانات التي تم تجميعها للوقوف على مدى صدقها وموضوعيتها، إذ يشير الصدق إلى التأكد والثقة في البيانات التي تم تجميعها، وخاصة عندما يتم تجميع البيانات من عدة مصادر فالأمر يحتاج إلى مراجعتها لتحديد مدى اتفاق تلك المصادر على عناصر وخصائص معينة، وقد يجد أن هناك اختلافات بين تلك المصادر ولكن لا تأثير لها لانخفاض درجة تأثيرها، أما إذا كانت الاختلافات ذات درجة ملموسة ومداها واسع فيجب على المحلل أن يعيد مراجعة عملية التجميع أو يعيدها بالكامل.

3. استخلاص النتائج وإعداد التقارير:
إذا اكتملت عملية تحليل البيانات الخاصة بالوظيفة، فإن القائم بعملية التحليل يجب أن يعد التقرير المناسب بالنتائج التي توصل إليها، ويحتوي هذا التقرير على أهداف ومجالات عملية تحليل الوظائف، وملخص للطرق والأساليب المستخدمة ومبررات استخدامها، مع شرح لعملية التحليل كيف تمت وبيان المعلومات التي تم استخدامها، وبيان التوجه الاستراتيجي الذي يبين الفئات والأطراف التي ستستفيد من نتائج هذا التحليل مستقبلاً؟

ويجب أن يكتب التقرير في شكل واضح ومبسط، يدركه ويتفهم نتائجه الشخص الذي يقدم له بعيداً عن الإطناب والمصطلحات الفنية والطرق والأساليب البالغة

التخصص، فإن عملية تحليل الوظائف قد تفتقد أهميتها وموضوعيتها إذا لم تقدم للمديرين بشكل دقيق ومفهوم يبين لماذا أعدت؟ وما هي مجالات الاستفادة منها؟ ومتى يمكن تطبيقها؟

4. مراجعة بيانات تحليل الوظيفة دورياً:

إن الجزء الأخير في مرحلة تجميع وتحليل بيانات الوظيفة يتمثل في مراجعة النتائج بصورة دورية حيث تتسم الوظائف بالديناميكية، فإن المعلومات التي تم تجميعها عن إحدى الوظائف اليوم لا تضمن لها الاستقرار والدقة خلال خمس سنوات قادمة. ومن ثم يجب تحديث البيانات دورياً وبصورة مستمرة لتلاحق التغير في أنشطة ومهام الوظائف.

المرحلة الرابعة: تقييم أساليب تحليل الوظائف:

هناك العديد من العوامل المستخدمة لتقييم أساليب تحليل الوظائف، ومن أهم المعايير التي يمكن الاعتماد عليها لتقييم أساليب تحليل الوظائف:

1. الغرض من التحليل: هل تمكن البيانات التي تم تجميعها من تحقيق غرض أو عدة أغراض معينة؟
2. التعدد والتنوع: هل يمكن استخدام الأسلوب الواحد لتحليل عدة وظائف مختلفة؟
3. المعيارية: هل يمدنا هذا الأسلوب بالبيانات التي يمكن مقارنتها ببيانات تم تجميعها عن طريق أسلوب آخر؟
4. القبول: هل يتسم الأسلوب بالقبول من وجهة نظر من يستخدمه؟
5. التدريب عليه: ما قدر التدريب المطلوب قبل استخدام هذا الأسلوب لتجميع البيانات؟
6. حجم العينة: ما حجم العينة المطلوبة الاعتماد عليها لتجميع البيانات من مصادرها المختلفة؟

7. التعميم (التطبيق على نطاق واسع): هل يمكن استخدام الأسلوب على نطاق واسع خارج نطاق الوحدة/ المنظمة. أم أنه صمم للتطبيق على منظمة خاصة؟

8. الصدق: هل يتيح الأسلوب بيانات موثوق منها؟

9. الوقت المطلوب: ما الوقت المطلوب لتحليل الوظيفية عن طريق هذا الأسلوب؟

10. التكاليف: ما مقدار التكاليف التي يتطلبها تطبيق هذا الأسلوب لتحليل الوظيفية؟

* توصيف الوظائف Job Description:

يعد توصيف الوظيفة الغاية المنشودة وتحقيقها من القيام بعملية تحليل الوظائف ويتمثل منتجها النهائي في صورة بطاقات توصيف الوظائف التي عرضنا في نهاية الفصل لبعض نماذجها التطبيقية في إحدى الشركات المصرية الكبرى [*].

وتفيد عملية توصيف الوظائف في عمليات الاختيار والتعيين، كما تفيد في تحديد الاحتياجات التدريبية والتهيئة المبدئية للعاملين، هذا بالإضافة إلى دورها الفعال في تقييم الوظائف وإجراء عملية تقييم أداء العاملين.

---

[*] انظر ملحق الفصل الذي يعرض لنموذج بطاقة وصف وظيفي لمدير عام الموارد البشرية.

ومن أهم العناصر التي تحتوي عليها بطاقات توصيف الوظائف ما يلي:

1. **تعريف الوظيفة:** ويتضح ذلك من خلال بيانات مسمى الوظيفة وموقعها في الهيكل التنظيمي أي بيان مستواها في الوحدات الإدارية قسم/ إدارة/ إدارة عامة/ قطاع، والأجر المحدد للوظيفة، هذا إلى جانب بيان المشرف المسؤول عن الوظيفة، وتحديد القائم بالتوصيف والقائم باعتماده وتاريخ إعداد التوصيف.

2. **موجز الوظيفة:** يبين توصيف الوظيفة فكرة عن الوظيفة وأهدافها وعلاقاتها ومتطلبات أدائها وأهم واجباتها باختصار في مرحلة متقدمة من بطاقة التوصيف.

3. **واجبات الوظيفة ومسئوليتها:** وتمثل تحديد واجبات الوظيفة المتمثلة في صورة مهام وأنشطة يجب أداؤها بصورة تفصيلية ومحددة وواضحة لا يختلف فهمها من شخص لآخر. هذا ويجب تحديد مسئوليات الوظيفة من النواحي الفنية والإدارية والمالية.

4. **علاقات الوظيفة:** تهتم بطاقات توصيف الوظيفة بتحديد الإشراف الواقع على الوظيفة ومستواه الإداري كذلك تبين المستويات التنظيمية أو الوظائف الأخرى التي تشرف عليها الوظيفة، وطبيعة ذلك الإشراف ونطاقه.

5. **المواد والآلات والأدوات المطلوبة للوظيفة:** يجب أن تحدد بيانات توصيف الوظيفة كافة متطلبات الوظيفة من الآلات والأدوات المطلوبة للأداء، كذلك المواد المطلوبة لتمكين شاغل الوظيفة من ممارسة مهامها وأنشطتها.

6. **ظروف وبيئة العمل:** في هذا الجزء من التوصيف يتم تحديد الظروف المادية التي يمارس فيها العمل، كترتيب مكان العمل وتنسيقه لتيسير عملية الحركة والإنجاز، كما يتم تحديد درجات الحرارة والرطوبة والتهوية والإضاءة والضوضاء المناسبة لطبيعة سوق العمل.

7. **المتطلبات الواجب توافرها في شغل الوظيفة:** ويشير ذلك إلى بيان المستوى التعليمي والخبرة والمهارة المطلوبة والاختيارات الواجب اجتيازها، والسمات الشخصية الواجب توافرها.

* **توصيف الموظف** Job Specification

يعطي توصيف الوظيفة بياناً تفصيلياً عن الوظيفة، أما توصيف الموظف فإنه يهتم ببيان المتطلبات والشروط الواجب توافرها فيمن يجب أن يشغل الوظيفة، والتي تتضمن التعليم والمعرفة والمهارة والقدرات والسمات الشخصية.

وفيما يلي نعرض لأهم العناصر الواجب دراستها فيما يتعلق بتوصيف الموظف:

1. **التعليم والمعرفة:** وهنا تحدد المؤهلات العلمية الواجب الحصول عليها لشغل الوظيفة، وما قد تتطلبه الوظيفة من معارف ومعلومات شخصية يراها المسئولون ضرورية لممارسة مهام الوظيفة المختلفة.

2. **الخبرات والمهارات:** تمثل الخبرة عدد السنوات التي قضاها المتقدم في العمل بنفس مجال الوظيفة مما يمكن من دعم المهارات وتنميتها، وتتعلق المهارات بالفنون المتعلقة بتطبيق وممارسة المعارف والعلوم في مجالات معينة تتطلبها الوظيفة فقد تكون المهارات يدوية أو فنية أو تركيبية أو مهارات إدارية وإنسانية... وهكذا.

3. **القدرات الجسمانية:** تتطلب معظم الوظائف قدرات جسمانية معينة مما يفرض ضرورة إجراء الفحص الطبي الشامل للموظف وإعداد المسجل الملائم والاطمئنان إلى عدم وجود أي عاهات أو أمراض مستديمة تعوق عن العمل.

4. **القدرات الخاصة:** تحدد مواصفات الموظف ما يجب أن يتوفر فيه من قدرات خاصة مطلوبة للوظيفة سواء كانت قدرات إدارية أو فنية أو إنسانية أو ذهنية أو عضلية ومن بين تلك القدرات:

- القدرة على الابتكار والتجديد والتطوير في العمل.
- القدرة على اتخاذ القرارات الفعالة.
- القدرة على الربط والتحليل والاستنتاج.
- القدرة على التكييف والانسجام والعمل في ظروف متقلبة.
- القدرة على إدارة الخلاف والصراع والتفاوض.
- القدرة على إجراء اتصالات فعالة مع الآخرين.

5. **السمات والخصائص الشخصية**: يجب تحديد المواصفات والخصائص المتعلقة بالأشخاص وسماتهم بحسب ما تتطلبه الوظيفة، ومن بين تلك الخصائص:

- الأمانة والإخلاص.
- الصدق والصراحة.
- الذكاء وقوة الملاحظة.
- السيطرة والتحكم.
- الاستقامة وقوة العزيمة.
- المظهر والنظافة والتناسق.
- الشجاعة والطموح.

نموذج بطاقة الوصف الوظيفي لمدير عام الموارد البشرية

بطاقة وصف وظيفة	
لمدير عام الموارد البشرية	
* اسم الوظيفة	: مدير عام الموارد البشرية
* الإدارة التابع لها الوظيفة	: قطاع الشؤون الإدارية
* الدرجة المالية	: مدير عام
* المستوى	: قيادية
الوصف العام للوظيفة	
* موقع الوظيفة	: على قمة وظائف الإدارة العامة لشئون الموارد البشرية بالهيكل التنظيمي لقطاع الشئون الإدارية.
* الغرض من الوظيفة	: الإشراف والتوجيه العام لتنفيذ إجراءات العمل بالإدارة العامة لشئون الموارد البشرية (تعيين، ترقية، نقل، ندب، أجازات، جراءات، ملفات، علاوات،....) لضمان مطابقتها لأحكام القوانين واللوائح الحاكمة والمنظمة.

* نطاق الإشراف الواقع:

من الوظيفة:

- على إدارات التعيينات والذمة المالية، شئون الأفراد، السجلات والملفات.
- مراجعة أعمالهم مراجعة عامة واعتماد النتائج أو عرضها على السلطة الأعلى.

على الوظيفة:

- رئيس قطاع الشئون الإدارية الذي يقوم بتخطيط ورسم سياسات وطرق العمل والمراجعة العامة والإجمالية واعتماد بعض النتائج.

مسئوليات وواجبات الوظيفة:

- الاشتراك مع رئيس قطاع الشؤون الإدارية في إعداد طرق وإجراءات العمل ورسم وتخطيط السياسة العامة للإدارة العامة لشئون الموارد البشرية.

- تخطيط طرق وإجراءات العمل للإدارات التابعة بما يكفل تطبيق أحكام قوانين ولوائح شئون الموارد البشرية المعمول بها في الشركة على الوجه الصحيح.

- متابعة وتنسيق الإدارات التابعة سواء فيما بينها أو غيرها من الأنشطة الأخرى بالشركة وخاصة الإدارة العامة للأجور والتأمينات الاجتماعية.

- المراجعة العامة لمذكرات العرض على لجنة شئون العاملين أو على مجلس إدارة الشركة في معوقات التنفيذ إن وجدت واعتماد إجراءات التنفيذ في حدود سلطتها.

- مراقبة تنفيذ اللوائح والتعليمات المتعلقة بشئون الأفراد وتوضيح وتفسير المهم منها للمستويات الأدنى لدى التطبيق مع التوجيه بأية تعديلات تطرأ عليها.

- التأكد من استمرار القيد بالسجلات المنظمة للعمل والفحص العام للأوراق والملفات والسجلات بالإدارة العامة لشئون الموارد البشرية ومراجعة أعمالهم مراجعة إجمالية.

- تبسيط إجراءات العمل داخل الإدارات والأقسام التابعة وتطويره بما يحقق توفير الجهود والنفقات وسرعة ومرونة الأداء.

- تقديم الاستشارات والتقارير المتعلقة بالعمل وإعداد الدراسات والبحوث في مجال شئون الموارد البشرية وعرضها على السلطات الأعلى متى طلب منها ذلك وتولى أمانة لجنة شئون الموارد البشرية.

- الإشراف والتوجيه العام الفني والإداري على العاملين بالإدارات والأقسام التابعة.

تقارير عن العمل:

- تقارير عن الظواهر التي تكتشف لدى تطبيق النظم واللوائح مثل (ارتفاع نسبة الغياب أو الإجازات في وقت معين أو خلال وردية معينة).

* المشاكل التي تواجه تخطيط الموارد البشرية
Problems In Human Resources Planning

تواجه عملية التخطيط للموارد البشرية الكثير من المشاكل والتي تظهر بشكل أوضح في الدول النامية وتتمثل أهمها وكالآتي:

1. ضعف الوعي التخطيطي لدى الكثير من العاملين في الأجهزة الإدارية حيث تنتفي أو تضعف القناعة بجدوى هذا النوع من التخطيط، وبديهي أن مثل هذه الحالة تؤدي إلى محدودية التعاون مع عمليات وضع وتنفيذ خطة الموارد البشرية، بل قد يؤدي الأمر إلى مقاومتها.

وللحد من هذه المشكلة أو معالجتها يستلزم الأمر خلق القناعة لدى إدارات المنظمات لأهمية الموارد البشرية أولاً، وأهمية التخطيط لهذا المورد ثانياً، إذ وكما أشير سابقاً بأن دقة التخطيط للموارد البشرية يمكن أن تنعكس بنتائج إيجابية على قدرة المنظمة في بناء مزاياها التنافسية، كونها تستخدم مصدر لهذه الميزة غير قابل للتقليد.

2. ضعف الإمكانيات الثقافية التخطيطية المطلوبة نتيجة لقلة عدد الخبراء وقلة خبراتهم العلمية والثقافية مما يزيد من احتمالات ارتكاب الأخطاء في تحديد الهدف المستقبلي والوسيلة المستقبلية لخطة الموارد البشرية، وهذا بدوره ينعكس بضعف الترابط بين التخطيط ونشاطات إدارة الموارد البشرية الأخرى.

3. قلة الكم والنوع من المعلومات المطلوبة للعملية التخطيطية وتقادمها وافتقار أغلب المنظمات لنظم المعلومات الخاصة بإدارة الموارد البشرية HumanResourcesInformationSystem، أو تقادم هذه الأنظمة بحيث تصبح عاجزة عن مواكبة التطورات الحديثة بنظم المعلومات عموماً، أو عجزها عن استقبال المعلومات الحديثة الخاصة بالموارد البشرية على وجه الخصوص.

4. صعوبة التوصل إلى معايير محددة ودقيقة لمعرفة المهام الملقاة على عاتق إدارة الموارد البشرية، أو نشاط تحليل الوظائف فيها. فتعاني الكثير من المنظمات من الوظائف الهامشية تارة ومن الألقاب الوظيفية التي لا تعبر عن المحتوى الحقيقي للعمل المراد إنجازه. ومثل هذه الحالة تنعكس أما بفائض تخطيطي أو عجز في غالب الأحيان. ولمعالجتها يستلزم الأمر إعادة النظر بهيكل الوظائف في المنظمة وتصميمه بما يتناسب وطبيعة الأعمال التي تستهدف المنظمة إنجازها.
5. الفصل بين مسئوليتي وضع الخطة وتنفيذها، حيث يتهرب المخططون في أغلب الأحيان من مسؤولية التنفيذ بادعاء كون ذلك من مسؤولية الأجهزة الإدارية ذات العلاقة. ولكون وضع الخطة وتنفيذها مرحلتين في عملية تخطيط الموارد البشرية تستلزم المتابعة المستمرة والدورية، فإن الفصل بينهما يعرض المنظمة إلى أخطاء التنفيذ التي تنعكس بكلف عالية.

اعتماداً فإن تخطيط الموارد البشرية وإذا ما أريد له أن يكون دقيقاً فيجب أن يربط بالحاجات البيتية والمنظمية من خلال نظام معلومات دقيق يمتلك القدرة على الحصول على معلومات دقيقة وحديثة.

الفصل الثالث
الاستقطاب

* الاستقطاب:

إن عملية الاستقطاب والاختيار تعد من الإجراءات الجوهرية التي تمارسها إدارة الموارد البشرية في المنظمة، ولكي يتم الاستقطاب على أسس صحيحة، على المنظمة مراعاة أن هذه العملية تهدف إلى جذب أفضل الكفاءات المتقدمة للعمل بعد إجراءات عمليات الفحص والاختبار.

وأن أية ممارسة سلبية للاستقطاب، آثارها تكون سريعة ومباشرة ويمكن الإحساس بها بأقصى سرعة.

ونظراً لأهمية الاستقطاب في المنظمة وإثارة الجوهرية على مختلف موضوعات إدارة الموارد البشرية الأخرى.

علينا أن نتناول الموضوعات التالية:

1. مفهوم الاستقطاب وأهميته.
2. مبررات الاستقطاب.
3. مراحل وخطوات عملية الاستقطاب.

* مفهوم الاستقطاب وأهميته:

يشير الاستقطاب إلى: عمليات البحث والدراسة والتحري عن الموارد البشرية ذات الكفاءة والتأهيل لملء الوظائف الشاغرة في مختلف المستويات التنظيمية، والعمل على جذبها وانتقاء الأفضل من بينها للعمل بالمنظمة. ومن خلال هذا التعريف يمكننا القول أن عملية الاستقطاب تركز على:

- البحث والدراسة والتحري عن أفضل الموارد البشرية التي يمكن ضمها للعمل بالمنظمة من خلال تجميع البيانات والمعلومات وتحليلها واستخلاص النتائج التي تسهم في استقطاب الرجل المناسب للوظيفة المناسبة.

- تحديد مصادر الاستقطاب المرتقبة والأكثر مناسبة للمنظمة سواء كانت داخلية أو خارجية والتعرف على مدى كفاءتها.

- وجود النظم التي تمكن من تقييم المتقدمين بدقة والتأكد من وجود وظائف شاغرة تم تحديدها عن طريق ذوي التخصص.

- تحري العدالة والأمانة والصدق عند إجراء عمليات الاختيار، والالتزام بالإجراءات القانونية.

- التأكد من كفاءة الإجراءات الإدارية لعملية الاستقطاب مثل الرجوع للمصادر ذات الثقة وإعداد العقود، واستيفاء المستندات والسجلات... وغيرها.

وتتعدد النقاط التي توضح ضرورة الاستقطاب وأهميته، ومن أهمها ما يلي:

1. الاستقطاب الجيد يفتح المجال أمام المنظمة للحصول على أفضل الكفاءات من خلال اتساع قاعدة المتقدمين، وكلما زادت أعداد المتقدمين زادت فرصة المنظمة في انتقاء الأكفأ كماً ونوعاً.

2. يسهم الاستقطاب في تحديد أفضل الوسائل للبحث عن متطلبات المنظمة من الموارد البشرية سواء كانت داخلية أو خارجية، بالإضافة إلى تحديد نوعية الوسائل المناسبة لكل نوعية من التخصصات الإدارية أو الفنية أو المهنية.

3. بعد الاستقطاب بمثابة الخطوة الأولى في بناء قوة العمل الفعالة والمنتجة.

4. تهتم المنظمة من خلال مراحل وعمليات الاستقطاب إلى توصيل رسالتها للمتقدمين بأنها المكان المناسب لهم للعمل وبناء مسارهم الوظيفي الأفضل.

* مبررات الاستقطاب وأسبابه:

عندما تصبح إحدى وظائف المنظمة شاغرة، أو تتوقع أن تخلو الوظيفة من شاغلها في المستقبل القريب فإن أول ما يشغلها هو أن توفر الموظف المناسب لشغلها. ويمكن القول أن أهم مبررات الاستقطاب تتمثل فيما يلي:

1. إعادة التنظيم Reorganization:

قد يحتاج التنظيم إلى إعادة تنظيم الوظائف بشكل ما حتى يمكن أداء نفس العمل ولكن بالعدد المناسب من الأفراد. لقد أصبح من المتطلبات الضرورية للكثير من المنظمات القيام بدراسة حجم العمالة لديها وذلك عن طريق إعادة التنظيم بهدف زيادة إنتاجية أعضائه.

2. العمل المرن Flexible working:

يعد العمل المرن من بين السبل التي يمكن اتباعها للحفاظ على الإنتاجية دون زيادة العاملين أو حتى الاحتفاظ بنفس عددهم ويمكن أن يأخذ العمل المرن عدة صور من بينها زيادة وقت العمل الإضافي، هذا إلى جانب ساعات العمل المرن، والعمل عن طريق الاتصالات التليفونية، وعدم الحضور لمكان العمل إلا لإتمام الإجراءات الرسمية، أي إتاحة الفرصة للعاملين لإتمام جزء ما من العمل بالمنزل.

3. العمل لجزء من الوقت part time أو الاتفاق مع العاملين Casual staff:

قد لا تفضل بعض المنظمات العمل طول الوقت لعامليها وإنما تعتمد على تحديد جزء من الوقت لهم أو تتفق معهم على نصف يوم، أو فترة واحدة في صباح اليوم أو في المساء. ويتوقف الاعتماد على أي منهما بحسب طبيعة العمل في المنظمة ومتطلباتها، وقد تعتمد المنظمة على إحدى مكاتب العمل لتوفير متطلباتها من العمالة حسب كمية العمل لديها.

4. الاعتماد على المتعهدين Using Contractors:

يمثل المتعهدون تلك المكاتب الخدمية والتجارية التي تمد المنظمات باحتياجاتها مـن العمالـة نظير أجر معين، حيث تيسر للمنظمة توفير احتياجاتها من العمالة دون ضمان إنتاجيتهـا، فهـي بمثابـة وسيط لتوفير العاملين بمؤهلات وخبرات معينة فقط.

5. انتقال العاملين وترقيتهم Staff Transfer or Promotion:

يتم انتقال العاملين من وظيفة إلى أخرى لحل بعـض المشـكلات التنظيميـة أو لتحقيـق تنميـة للموظف الذي يتم نقله، ويفضل الكثيرون انتقال الموظف وترقيتـه مـن داخل المنظمـة عـن البحـث والتحري وشغل الوظيفة الشاغرة من خـارج المنظمة لأن ذلك يعمل علـى تقليل التكـاليف وزيـادة الدافعية والتحفيز للعاملين بالمنظمة هذا إلى جانب الالتزام الأخلاقي للمنظمة تجاه العاملين بها.

6. مشاركة الوظيفة Job sharing:

تعد المشاركة في الوظيفة من بين التطبيقات التي شاع استخدامها بكثرة في السنوات الأخيرة وذلك لأنها تحقق الكثير من الفوائد إلى جانب ما تؤديه لزيادة الانتماء التنظيمي.

7. الاعتماد على الحاسب الآلي (الكمبيوتر):

يؤدي الاعتماد على الحاسب الآلي إلى تخفيض المجهودات المبذولـة، والتكـاليف التـي تتحملهـا المنظمة على المدى البعيد مما يحمل معه ضرورة دراسة قضية العدد المناسب من العمالة الذي يتميـز بالمهارة والإبداع في مجال الأعمال، وتحليل البدائل المتكاملة لأداء الأنشطة، هل يتطلب الأمر استقطاب عمالة جديدة أو الاعتماد على تنمية مهارة العاملين الحاليين؟!

أولاً: خطة الموارد البشرية:

تمثل خطة الموارد البشرية الأساس الصحيح للانطلاق في إتمام خطوات الاستقطاب إذ أنها تمثل مجموعة الإجراءات المتكاملة المتعلقة بالاحتياجات من الموارد البشرية والتي تهدف إلى تحديد وتوفير الأعداد والمستويات المطلوبة من العمالة لأداء أعمال معينة في أوقات محددة سواء كان ذلك لوحدة قائمة أو لمشروع تحت الدراسة، ومن ثم تتمكن المنظمة من تحديد الفائض أو العجز بعد الدراسات الشاملة للبيئة الداخلية والخارجية وتحليل العرض والطلب والتوفيق بينهما.

ثانياً: بيان متطلبات واحتياجات الوظيفة:

تهتم هذه المرحلة بتحديد مكونات كل وظيفة بشكل دقيق وواضح، وبيان الخصائص والشروط الواجب توافرها في الشخص المطلوب لشغل هذه الوظيفة بما يؤدي لتحقيق أهدافها والالتزام بمعايير أدائها الضرورية، وهذا يعني أولاً القيام بوصف الوظيفة ودراستها بصورة تحليلية للتعرف على دورها في تحقيق أغراض التنظيم ومتطلباته. ومن ثم تحديد التوصيف المتكامل والخصائص التفصيلية الواجب مراعاتها لاختيار الشخص الذي يشغل هذه الوظيفة فيجب تحديد سمات وخصائص الأفراد الذين سيتم استقبالهم والمؤهلات، والمهارات، والمعارف، والخبرات والخصائص الشخصية المطلوبة لانتقاء أفضل الأشخاص للقيام بمهام الوظيفة.

بينما يمكننا القول أن هناك العديد من طرق التوصيف التي تيسر بيان تلك الخصائص، إلا أن هناك طريقتين شهيرتين هما:

1. **خطة روجر السباعية الأبعاد** Alee Rodger 's Seven-Point Plan:

تتمثل الأبعاد التي تركز عليها تلك الخطة في سبع نقاط هي:

أ. الخصائص الطبيعية (الجسمانية): الصحية، المظهر، التحمل...

65

ب. التأهيل العلمي: التعليم، المؤهلات، الخبرات.

ج. الذكاء: القدرات الفكرية بصفة عامة.

د. القدرات الخاصة: البراعة الفنية واليدوية، والقدرات الكتابية ومهارات الاتصال.

هـ. الاهتمامات: القيم الفكرية، القيم العلمية، التركيب والهيكلة، الأعمال الطبيعية، الأعمال الفنية والأدبية، والأنشطة الاجتماعية.

و. الميول والنواحي المزاجية: القبول، والتأثير في الآخرين، والنواحي النفعية، الاعتمادية، والثقة بالنفس.

ز. خصائص أخرى: أي خصائص أخرى مطلوبة لإتمام مهام الوظيفة، كالقدرة على السفر للخارج، وضرورة قيادة السيارات... الخ.

2. نظام فراسير الخماسي:

Munro Fraser's five-fold Grading system

وتتمثل أبعاد ذلك النظام في خمس نقاط هي:

أ. التأثير في الآخرين: الخصائص الطبيعية، والمظهر، ولغة التخاطب والإقناع.

ب. المؤهلات والخبرات: التعليم، والتدريب، الخبرة العملية.

ج. القدرات الشخصية الفطرية: سرعة البديهة والإدراك، والقدرة على التعلم والرغبة فيه.

د. الدافعية: الأهداف الشخصية، والرغبة في الإنجاز، ومعدلات النجاح والإصرار على تحقيقها.

هـ. السيطرة والتحكم: الاستقرار العاطفي، القدرة على البقاء تحت الضغوط، القدرة على مسايرة الآخرين والتعامل معهم.

إن كل من هاتين الطريقتين يمكن استخدامها كقائمة للمراجعة والتأكد من توفر الخصائص أثناء مقابلات الاختيار بجانب ما تحدده طبيعة التنظيم في كافة عملياته

الأخرى. ومن ثم يتمثل الهدف الرئيسي في كيفية استقطاب أفضل المتقدمين على الإطلاق من خلال المقابلات والاختبارات التي يتم إجراؤها.

إن المهارة، والمؤهل، والخبرات المطلوبة يجب أن تتكامل معاً لتحقيق الأداء الفعال للوظيفة، ولكن هذه العوامل قد تصبح غير ضرورية بمفردها، ولا يمكن الاعتماد عليها بشكل أساسي في بعض الظروف الخاصة. فقد تبحث بعض المنظمات عن الصفات والخصائص السلوكية أو الكفاءات المطلوبة بصفة خاصة في شاغل الوظيفة لتحقيق فعالية الأداء بمراعاة ثقافة المنظمة وفلسفتها السائدة، فيوضح الشكل النموذج المتكامل للكفاءات المطلوبة للوظائف الإدارية الذي تتبعه بعض المنظمات الكبرى للتأكد من صلاحية الأفراد لشغل وظائفها الإدارية.

وفي الشكل التالي يتضح أن أهم الأبعاد التي تركز عليها المنظمات كشروط لشغل الوظائف الإدارية بها تتمثل فيما يلي:

1. القدرة على الإدراك الصحيح للأمور وبناء الرؤية الصحيحة وتقديم الأسباب المقنعة ورسم الخطط الفعالة.
2. القدرة على التأثير في الآخرين وكسب تأييدهم.
3. الإضرار على تحقيق النتائج المنشودة.
4. الإنجاز والسعي الدائم نحو الأفضل وتحمل المسئولية.

النموذج المتكامل للكفاءات المطلوبة
للوظائف الإدارية

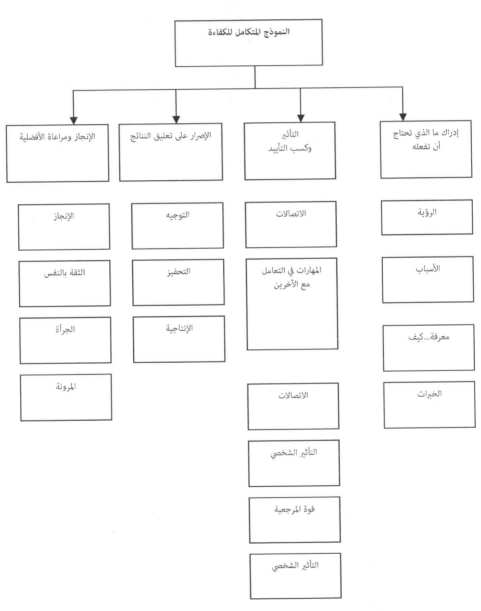

ثالثاً: مصادر الاستقطاب وطرقه:

تعد مسألة بيان مصادر الاستقطاب من النقاط المهمة الواجب تحديدها واتخاذ قرار بشأنها في وقت مبكر يسمح بإتمام بقية الخطوات على الوجه الصحيح. ففي بعض الأحيان، تجد المنظمة أن الاعتماد على المصادر الخارجية هو السبيل المناسب لتوفير احتياجاتها من العمالة، وذلك عند رغبتها في تعيين أفراد في المستويات الدنيا لأول مرة، وفي أحيان أخرى تلجأ المنظمة إلى المصادر الداخلية، وبصفة عامة نلاحظ أن معظم المنظمات تعتمد على مزيج من المصدرين الداخلي والخارجي لاستقطاب احتياجاتها المختلفة من العمالة. وفيما يلي نتعرض لكل مصدر منهما بشيء من التفصيل:

المصادر الداخلية:

تشير المصادر الداخلية إلى المتاح من الموارد البشرية داخل المنظمة بأي من مستوياتها وإداراتها وأقسامها المختلفة، كذلك بأي من فروعها ومناطقها المتعددة. ولذا تحرص المنظمات الرائدة إلى الاحتفاظ بالبيانات والمعلومات المتكاملة عن موظفيها في شكل مخزون المهارات الذي يمكنها من إجراء عمليات التنمية والانتقادات والتقييم بيسر وسهولة، ومن أهم مزايا اعتماد المنظمة على المصادر الداخلية لتوفير احتياجاتها من الموارد البشرية ما يلي:

1. المعرفة الكاملة بالمرشحين لشغل الوظائف: إذ يتم شغل الوظيفة الشاغرة بواسطة شخص معروف من حيث مهاراته وقدراته ومعارفه. ومن ثم تنخفض درجة المخاطرة عند الاعتماد على الأفراد في الوظائف الجديدة نظراً لسابق تقييمهم وملاحظتهم في وظائفهم السابقة بالمنظمة.

69

2. ارتفاع الروح المعنوية للعاملين: فالترقية من الداخل تعد من أهم عوامل الدافعية والتحفيز للعاملين الحاليين مما يؤدي بهم إلى بذل المزيد من الجهد لتحقيق النمو المنشود.
3. الاستفادة من عوامل الولاء التنظيمي للأفراد: إذ أن تأثير عوامل الانتماء والمعايشة لدى العاملين بالمنظمة يزيد بشكل ملموس في كثير من الأحيان عن تأثير عوامل المهارة والطموح لدى العاملين الجدد.
4. انخفاض الحاجة إلى التدريب والرعاية والتهيئة: نظراً لإلمام موظفي المنظمة بالمعلومات المتكاملة عنها وعن إجراءات التعامل بها ومعايشهم لقيمها وثقافتها.
5. سرعة إتمام الإجراءات الخاصة بالتعيين واستلام العمل: بالإضافة إلى انخفاض التكاليف والأعباء التي تتحملها المنظمة في كافة خطوات الاستقطاب والاختبار والتعيين.
6. الحفاظ على سرية أداء بعض الأعمال داخل المنظمة.

إلا أنه يؤخذ على الاستقطاب من الداخل بعض العيوب من بينها:

1. قصور المصادر الداخلية عن مواكبة احتياجات المنظمة من العمالة في حالة التوسعات السريعة خاصة في المستويات الدنيا.
2. صعوبة الإجراءات الخاصة بالاستقطاب الداخلي للمنظمة في بعض الأحيان، لما يتطلبه ذلك من إجراءات بيروقراطية ونماذج متعددة وأوقات انتظار وقوائم ومتطلبات وشروط ومقابلات... الخ.
3. عدم المرونة والشعور بعدم التجديد والتطوير.
4. حرمان المنظمة من الكفاءات التي يمكن الحصول عليها في حالة اعتمادها على المصادر الداخلية فقط.

5. حاجة بعض الوظائف الجوهرية بالمنظمة إلى مستوى معين من المهارة والخبرة قـد لا تتوفر لـدى العاملين بها.

ومن أهم الطرق التي يمكن اتباعها في حالة الاعتماد على المصادر الداخلية ما يلي:

1. **الترقية:** وتمثل أكثر الطرق انتشاراً، وتتم عن طريق مراجعة سجلات العاملين وتجميع وتحليل كافـة المعلومات اللازمة عن الأفراد المرشحين للترقية والاطلاع علـى نتائج تقيـيم أدائهـم في السـنوات الماضية، وتتبع تصرفاتهم وسلوكياتهم ذات الأهمية في تقرير مدى صلاحية الفرد للترقية إلى وظيفة ذات شأن أعلى من الوظيفة التي يتقلدها حالياً، وعـادة مـا تعتمـد المنظمـة عنـد اتباعهـا لهـذه الطريقة على أساس معين من أسس الترقية المعروفة والتي قـد تكون بالأقدميـة أو بالكفـاءة، أو الترقية بالأقدمية والكفاءة معاً.

2. **النقل:** ويشير إلى نقل أو تحويل الموظف من قسم إلى آخر أو من إدارة إلى أخرى، أو من وظيفة إلى أخرى، والنقل أو التحويل عادة ما يتم بين وظائف متماثلة في الدرجة الوظيفية على الأقـل، ويـتم النقل بعض المزايا المحفزة بقبول التحرك من مكان لآخر ولكنها لا تتساوى مع الترقية في مكانتها.

3. **الإعلان الداخلي:** تستخدم المنظمة هذه الطريقة من خلال الإعلان عن الوظائف الشـاغرة بلوحـات الإعلانات الداخلية متضمنة الشروط اللازم توافرها في الأشخاص المطلوبين، ويسمح ذلـك للعـاملين والمشرفين والمديرين بالاطلاع عليها ونشر أخبارها خارج المنظمة، ويتم ترشيح من يرونه مسـتوفياً للشروط المطلوبة في محيط المعارف والأصدقاء.

4. **ترشيح الزملاء والأصدقاء:** تلجأ المنظمة أحياناً إلى طريقة ترشيح الزملاء والأصدقاء لتوفير من لديهم الكفاءة والخبرة وذلك عن طريق طلب المنظمة من

العاملين بها ترشيح من يرونه من أصدقائهم وزملائهم ممن تتوفر فيهم شروط شغل الوظيفة وخاصـة في بعض الوظائف والتخصصات المهنية والنادرة.

5. **مخزون المهارات:** يمثل مخزون المهارات ذلك البنك الخاص بكافة البيانات والمعلومات عـن معـارف وقدرات ومهارات وخبرات العاملين بالمنظمة. والاعتماد على هذه الطريقة يتطلب مـن المسـئولين تحديد احتياجات الوظائف ومتطلباتها، ثم البحـث في مخزون المهارات عمـن تتـوافر فيـه تلـك الشروط والمتطلبات سواء كان ذلك بالنقل أو الترقية.

ويعرض الشكل التالي خطوات عملية الاستقطاب الداخلي بشكل تفصيلي في إحـدى المـنظمات حيث تتمثل البداية في تحديد إدارة الموارد البشرية للاحتياجات من الموارد البشرية من خلال حصولها على نتائج البحث الداخلي في الإدارات المختلفة، وبالتالي يصبح مـن الممكـن تصفية المرشحين مبدئياً لتحديد المقبولين منهم واستبعاد غير المؤهل لاستكمال بقية الخطـوات، ثم تحـدد المقابلات المبدئيـة، وتقدم إدارة الموارد البشرية تقريراً يسهم في تحديد التصفية للمرة الثانية للمرشحين، وتراجـع الموقـف مع المرشحين وعند اجتياز تلك المرحلة يحدد قسم التعيين المقابلات مع المرشحين، وفي المرحلة الأخيرة، يصبح الأفراد الذين تخطوا جميع المراحل السابقة ونجحوا في مقابلات التعيـين عـلى أهبـة الاستعداد لتعيينهم في المراكز الجديدة إما بالنقل أو الترقية.

خطوات عملية الاستقطاب الداخلي

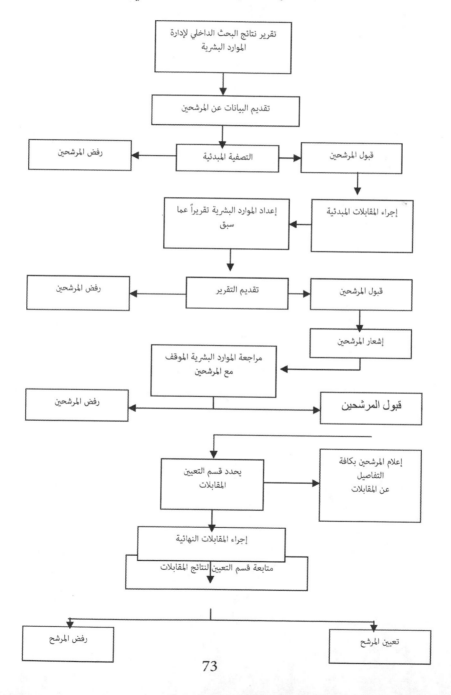

المصادر الخارجية:

رغم أهمية ملء الوظائف الشاغرة من داخل المنظمة عن طريق الترقية أو النقل، ومـع تعـدد المزايا الناجمة عن ذلك بالنسبة للمنظمة والأفراد معاً، إلا أن حجـم العمـل وطبيعـة الوظائف التي تتباين من مستوى لآخر ومن منظمة لأخرى، والتطورات المعاصرة في مجال الأنشطة والأعمال تتطلـب في كثير من الأحيان البحث عن مصادر خارجية للاستقطاب تمثل تجديداً لدماء المنظمة وإضافة مهارات وخبرات ومؤهلات جديدة تدعم وتحدث من الإنجاز. إن لجوء المنظمة إلى البحث عن متطلباتها مـن الموارد البشرية عن طريق الاستقطاب من المصادر الخارجية يحقق لها العديد من المزايا والإيجابيـات، من بين تلك المزايا:

1. الحصول على الأفكار والمقترحات والآراء الجديدة عند الرغبة في تنمية وتطوير الأعمال والأنشطة واستمرار الإبداع فيها.

2. المحافظة على تكاليف التهيئة والتدريب، فتطوير الموظف الداخلي وتنمية قدراته قد تحمل المنظمة أعباء كبيرة يمكن تفاديها في حالة الاعتماد على موظفين أكفاء ومؤهلين من المصادر الخارجية.

3. استقطاب المؤهلات والمهارات النادرة التي تنقص المنظمة، كالاستعانة بالمؤهلين في المجالات التكنولوجية المعاصرة ومجالات الحاسب الآلي، والتسويق عبر الإنترنت وغيرها من المجالات الحديثة.

ولكن يعاب على الاستقطاب من المصادر الخارجية ما يلي:

1. ارتفاع تكاليف الحصول على العمالة نظراً لتعـدد الإجـراءات وبـرامج التهيئـة المبدئيـة والتـدريب وسياسات دمج الموظف في سياسات وقيم المنظمة.

2. استفاد كثير من الوقت والجهد للوصول إلى ما تبغيه المنظمة نظراً لإشباع سوق العمالة.

3. تحمل المخاطر نتيجة تعيين أحد المرشحين لأسباب قد لا يتضح جدواها عند تسلمه وممارسته لعمله.

4. خفض الروح المعنوية للعاملين الحاليين بالمنظمة نظراً لتقلص فرصتهم في الحصول على مكانة أفضل في المنظمة مستقبلاً.

ومن أهم الطرق التي يمكن اتباعها في حالة الاعتماد على المصادر الخارجية ما يلي:

1. الإعلانات في الصحف والمجلات:

من الطرق الشائعة للاستقطاب الاعتماد على الإعلانات في الصحف المحلية أو القومية أو المجلات المهنية المتخصصة، إن هذه الطريقة تعد من أكثر الطرق تطبيقاً في الواقع العملي لأنها تناسب مختلف أنواع الوظائف التي تحتاج المنظمة إلى شغلها، ففي الوظائف اليدوية والمستويات الإدارية التنفيذية يمكن الاعتماد على الإعلانات بالصحف والمجلات المحلية أما الوظائف في المستويات العليا وتلك التي تتطلب الخبرة الكبيرة فتلجأ المنظمة إلى الإعلانات بالصحف القومية وربما الدولية. كما يفيد الإعلان بالمجلات المتخصصة والمهنية في الحصول على أفضل الكفاءات الفنية. وتفيد الإعلانات في الحصول على معدل مرتفع من الاستجابة يوفر للمنظمة العدد الكبير الذي يمكنها من تحقيق الاختيار الأفضل.

الاعتبارات الواجب مراعتها عند صياغة إعلان التوظف:

1. مراعاة الخصائص الرئيسية للوظيفة والتركيز عليها.

2. بيان طبيعة المنظمة والمعالم الرئيسية لها باختصار.

3. بيان عنوان الوظيفة – مع بيان مختصر لأهم واجباتها ومسئوليتها.

4. بيان موقع الوظيفة في الهيكل التنظيمي كلما أمكن.

5. بيان أهم الخصائص المطلوبة فيمن سيشغل الوظيفة وكيفية استيفاء طلب التوظف.

6. بيان ملخص براتب الوظيفة وأهم الفوائد والمزايا المترتبة عليها.

7. بيان الوقت المحدد لتقديم الطلبات.

8. مراعاة مدى ملاءمة الإعلان لطبيعة الوظيفة المعلن عنها.

9. التأكد من تميز الإعلان بجذب الانتباه وإثارة اهتمام الأفراد المرتقبين وتشجيعهم على تقديم طلباتهم.

10. التأكد من أن محتويات هذه الإعلانات تمثل فرصاً لسوق العمل تسعى المنظمة لبيعها للأفراد.

2. مكاتب ومراكز التوظيف:

قد تفضل المنظمات الاعتماد على المراكز والمكاتب التي تقدم خدماتها في توفير العدد المناسب من المرشحين والمتقدمين للتوظيف للاختيار من بينهم. وقد تتخصص بعض هذه المكاتب في توفير أنماط محددة من الموظفين كتلك التي تتخصص في توفير المحاسبين وأعمال السكرتارية، وغيرها التي تسعى لتوفير الوظيفة الفنية كالمهندسين، وتلجأ هذه المكاتب للتخصص حتى يمكنها توفير الموظفين الأكفاء المطلوبين من خلال اهتمامها بأحد المجالات وتحليلها لجميع الطلبات المقدمة إليها سواء من طالبي التوظف أو من المنظمات التي تطلب موظفين.

ويمكن القول أن هناك نوعين لهذه المكاتب بحسب تبعيتها هي:

أ. المكاتب الحكومية: وهي مكاتب عامة تقوم بإدارتها الحكومة، حيث تسجل لديها أسماء وبيانات الأفراد الراغبين في العمل، وتمثل وزارة القوى العاملة، ومكتب العمل نماذج لتلك المكاتب بمصر. مهمتها التعرف على بيانات الخريجين وحصر كافة البيانات عنهم وتوزيعهم على الوزارات والإدارات والمكاتب الحكومية، كما تشرف على طرق شغل الوظائف الخالية بالهيئات والمصالح والشركات وهي تمثل همزة الوصل الرئيسية بين المنظمات والشركات وبين طالبي العمل.

ب. **المكاتب الخاصة:** وهي مكاتب خاصة يديرها متخصصون في جذب واستقطاب العمالة واختيارها إذ تتلقى الطلبات وتصنفها وتحدد المطلوب منها سواء من طالبي التوظف أو من الشركات، وتتميز هذه المكاتب بتقديم خدمتها، خاصة في الحالات التالية:

- صغر حجم الشركات الطالبة وعدم وجود خبرة لديها في عملية الاستقطاب والاختيار.
- حاجة بعض الشركات لشغل بعض الوظائف لديها بسرعة.
- إذا كانت الأعداد المطلوبة للعمل قليلة وعلى فترات متقطعة لا تبرر وجود مكتب توظيف داخل الشركة.

3. **الاعتماد على الجامعات والمعاهد العلمية:**

إن الاعتماد على الجامعات والمعاهد العلمية والمدارس يعد من بين المصادر التي تعتمد عليها المنظمات مما يتطلب منها تكوين علاقات طيبة مع تلك الجهات والمحافظة عليها، وتعمد المنظمات إلى الاعتماد على هذا المصدر في حالة رغبتها في الحصول على مؤهلين في مجالات معينة تقوم هي بتهيئتهم وتدريبهم بحسب ثقافتها وفلسفتها قبل أن يختلطوا بقيم وثقافات عملية من جهات أخرى. هذا إلى جانب رغبتها في الحصول على احتياجاتها من البيئة المحلية وتدعيم علاقاتها مع الجامعات والمدارس المحلية واختصار نطاق المقابلات مع توفر المعلومات الكافية وتخفيض التكليف التي تتحملها المنظمة لاستقطاب موظفيها.

ومن أهم مزايا الاعتماد على الجامعات والمعاهد العلمية ما يلي:

- سهولة الاتصال بالجامعات والترتيب للزيارات والمقابلات فيما بين المنظمات وتلك الجامعات والمعاهد المتخصصة.

- أن الجامعات والمعاهد العلمية تقدم مجموعات متنوعة من التخصصات الإدارية والمهنية والفنية والاجتماعية.

- أن هذه الطريقة تقدم الفرصة للخريجين للحصول على عمل بدون خبرة أو ممارسة سابقة.

- ومع هذه المزايا توجد بعض المآخذ على هذه الطريقة منها:

* حرمان المنظمة من الحصول على الكفاءات المدربة ذات الخبرة والثقافة المتعددة.

* تعجل خريجي الجامعات والمعاهد واهتمامهم بالمناصب ومسميات الوظائف أكثر من اهتمامهم بتكوين الخبرة والعمل ومركز منظماتهم وشهرتها.

* أن الخريجين لا يتوفرون إلا في فترات محددة قد لا تتوافق مع بعض الاحتياجات الطارئة الملحة للمنظمات.

* إن الزيارات والمقابلات شاقة ومجهدة خاصة إذا تعددت المعاهد والكليات وتباعدت أماكنها.

4. الاستعانة بالمستشارين في عمليات الاختيار:

قد تلجأ المنظمات إلى الاستعانة بالمكاتب الاستشارية التي تساعدها في عملية الاختيار، حيث تتميز هذه الطريقة بتقديم الخبرة والاستشارة التي تيسر للمنظمة إجراء عملية الاختيار بشكل فعال. إذ يقدم المستشار النصيحة المناسبة حتى تحصل المنظمة على احتياجاتها من العمالة. وتأخذ الاستشارات عدة مجالات من بينها الإعلان عن الوظائف الشاغرة، إجراء المقابلات مع المتقدمين، انتقاء المرشحين للتوظف وإجراء الاختبارات اللازمة لهم، وتقديم المساعدة في خطوات الاختيار النهائية. ويجب على

المنظمة التأكد من قدرة المكاتب الاستشارية على القيام بالبحث اللازم عن الكفاءات البشرية، وإتمام إجراءات الاختيار عند الاتفاق معها على ذلك.

* ترشيحات موظفي المنظمة:

من بين الطرق المعروفة في مجال الاستقطاب الاعتماد على توصيات ومقترحات العاملين بالمنظمة عن أصدقائهم أو أقاربهم أو أحد معارفهم ممن تنطبق عليهم شروط ومواصفات الوظائف الشاغرة، وخاصة الوظائف الكتابية أو الفنية والمهنية.

ومع أن هذه الطريقة تعمل على توفير نفقات الإعلان أو التكاليف الأخرى التي ستتحملها المنظمة إذا اتبعت أي أسلوب آخر، كما تلبي متطلبات المنظمة بالسرعة المطلوبة، إلا أنها قد تحرم المنظمة من المفاضلة بين الطلبات المتعددة المتقدمة للوظيفة، كما قد تؤثر العوامل العاطفية نتيجة الصداقة أو القرابة على موضوعية الترشيح.

6. مكاتب المنظمة:

تعد المكاتب الدائمة التي توجد ببعض المنظمات لتلقي طلبات الأفراد إحدى الطرق المعروفة في مجال استقطاب العمالة. إذ تتمثل مهمة هذه المكاتب في استقبال طلبات الأفراد في أي وقت من العام بصورة مباشرة أو عن طريق البريد أو الفاكس. ثم تهتم المنظمة بالاحتفاظ بهذه الطلبات بجانب ما قد تطلبه منهم لاستيفاء بعض البيانات عن مستويات تعليمهم وخبراتهم السابقة وقدراتهم ومهاراتهم. وذلك بعد أن تقوم بتصنيف هذه الطلبات طبقاً للتخصصات الوظيفية ولما تراه من معايير أخرى مكملة.

وتتميز هذه المكاتب بدورها في معرفة حالة سوق العمالة والظروف المؤثرة عليه ومتابعة التغير في ظروف عرض العمالة والطلب عليها، هذا إلى جانب دورها في تكوين المعلومات المتكاملة عن الأفراد في مختلف التخصصات والذين يمكن الاتصال بهم عند الحاجة إليهم لاستكمال إجراءات الاختيار والتعيين.

7. النقابات:

لم تعد تقتصر أدوار النقابات على قضايا الأجور، أو ساعات العمل، أو فض المنازعات، بل امتدت لتشارك في مجالات وأنشطة الموارد البشرية الأخرى كالترقية والاختيار وتقييم الأداء... وغيرها. وهكذا ظهر دور النقابات كمصدر للموارد البشرية خاصة في المستويات الدنيا من الوظائف.

الفصل الرابع
الاختيار والتعيين

* مفهوم الاختيار Selection:

تتبع خطوات الاختيار عملية الاستقطاب مباشرة، والاختيار الصحيح والدقيق للموظفين والعاملين يعتبر واجباً أساسياً، مما يعطي للمنظمة الفرص لاحتوائها على فريق عمل كفؤ مؤهل يعول عليه مسؤولية ديمومة عجلة الإنتاج وتطورها.

ويسبق عملية الاختيار، عملية تحليل الوظائف والأعمال ومدى حاجة المنظمة من الأفراد كماً ونوعاً.

ويمكننا تعريف عملية الاختيار بأنها: "العملية التي من خلالها يتم دراسة وتحليل الطلبات المقدمة من الأفراد لشغل الوظائف الشاغرة بهدف التأكد من توافر المواصفات والشروط المطلوبة للوظيفة ثم مقابلتهم واختبارهم والاستفسار عنهم، فحصهم طبياً تمهيداً لانتقاء أفضلهم وتعيينهم بالمنظمة".

ومن هذا التعريف يمكن الوقوف على العناصر التالية:

1. تعتمد عملية الاختيار على الدراسة والتحليل لطلبات الأفراد ويتطلب ذلك تبويب طلبات التوظيف وتصنيفها وتحليل بياناتها بما ييسر إجراء الخطوات التالية.
2. ترتبط عملية الاختيار على معايير ومقاييس تم استنتاجها من التحليل السابق للوظيفة والوصف المتكامل للوظيفة والموظف الذي يجب أن يشغلها، حيث يجب تحليل:
أ. مواصفات الوظيفة من حيث واجباتها ومسئولياتها وسلطاتها.

ب. مواصفات الفرد من حيث التأهيل والعلمي والخبرة والمهارات الشخصية والقدرات والسمات الخاصة وغيرها.

3. تنطوي عملية الاختيار على إجراء المقابلات اللازمة سواء كانت مبدئية أو تفصيلية أو متخصصة في أحد المجالات وذلك بقصد التصفية والوصول لانتقاء الأفضل.

4. تشتمل عملية الاختيار على بعض الاختبارات التي تسهم في التحقيق من توافر المعايير والمواصفات الواجب توافرها في المتقدمين لشغل الوظيفة.

5. إن قرار التعيين مرهون يتخطى الفرد المتقدم لشغل الوظيفة بجميع الإجراءات التي تحددها المنظمة والتي قد تختلف من منظمة لأخرى ومن مجتمع لآخر.

* خطوات عملية الاختيار والتعيين:

تعتمد معظم المنظمات على استخدام أكثر من وسيلة لجمع المعلومات عن المتقدمين لشغل الوظائف الشاغرة بها، وتمر عملية الاختيار والتعيين بعدة مراحل وخطوات تتكامل معاً حتى تؤدي إلى انتقاء الأفضل من الموارد البشرية المتقدمة للعمل، ويوضح الشكل التالي خطوات الاختيار والتعيين:

خطوات الاختيار والتعيين

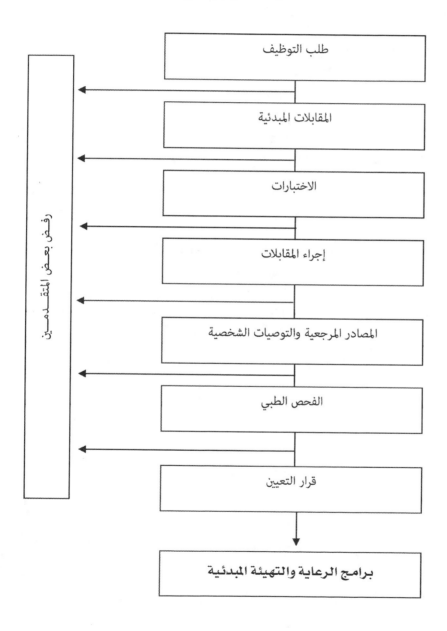

أولاً: طلب التوظف أو السيرة الذاتية Application Form or Curriculum vita

تستخدم طلبات التوظف بشكل واسع من قبل العديد من المنظمات، إذ أنها تساعد على تخفيض تكاليف الاختيار، وتزيد من فعاليته، حيث يقوم طالب الوظيفة بتعبئة نموذج الطلب الذي أعدته المنظمة أو يرسل سيرته الذاتية Curriculum vita (CV) وتمثل استمارات طلب التوظيف نموذج رسمي يملؤه المتقدمين لشغل الوظائف للرجوع إليه عند المقابلة للتأكد من بياناته ومعلوماته واستخدامه عندما يلزم الأمر.

وغالباً ما يشتمل طلب التوظف على: اسم المتقدم، السن، المؤهل، العنوان، الوظائف التي تقلدها الشخص فيما مضى، والمدة التي قضاها في كل وظيفة، والخبرات والمهارات المكتسبة التي يمكن أن تساعد الشخص في الأداء الفعال الوظيفية. هذا إلى جانب هوايات الفرد ومواهبه واهتماماته... الخ.

ومن أهم المزايا التي تترتب على استخدام نماذج طلب التوظيف ما يلي:

1. سهولة إجراء المقارنة فيما بين المتقدمين لشغل الوظيفة، اعتماداً على البيانات والمعلومات المدونة بالطلب.
2. حصول المنظمة على كافة المعلومات التي تريدها عن المتقدم لشغل الوظيفة.
3. يمكن استخدام نموذج الطلب كأساس لإجراء المقابلات الشخصية مع المتقدمين في الخطوات التالية.
4. يفضل بعض المتقدمين القيام بملأ نماذج طلب التوظف عن إجراء المقابلات بصورة مباشرة.
5. تسمح البيانات الموحدة التي تم الحصول عليها من طلبات التوظف بانتقاء المناسب من المتقدمين.
6. يمكن اعتبار طلب للتوظف جزءاً من الملف الشخصي للموظف بعد ذلك.

7. يسهم الاعتماد على طلب التوظف في تحقيق الدقة والعدالة إلى حد كبير.

8. يساعد في الحصول على البيانات لدراسة الفرص المتاحة وإجراء البحوث المناسبة.

9. تصبح المعلومات أكثر سهولة ويسراً لإدخالها في الحاسب الآلي.

ومع تلك المزايا إلا أن هناك بعض العيوب ترتبط باستخدام نماذج طلب التوظف يمكن ذكر أهمها فيما يلي:

1. الاعتماد على عدة نماذج لطلب الوظيفة نظراً لتعدد وتنوع واختلاف طبيعة الوظائف الشاغرة لدى المنظمة.

2. عدم توفر الفرص الكاملة أمام المتقدمين لعرض وبيان ميولهم الشخصية وإبداعاتهم الخاصة.

3. انخفاض درجة الحرية المتاحة أمام المتقدمين لإضافة بعض الأوراق التي يريدون أن يستكملون من خلالها بعض البيانات الضرورية.

4. إن الالتزام الصارم بملأ نماذج طلب التوظف قد يؤدي إلى فقد بعض الكفاءات النادرة لعدم تمكنهم من الحصول على تلك النماذج.

وتلجأ بعض المنظمات إلى الاعتماد على الخطابات أو بيانات السيرة الذاتية التي يبعث بها الأفراد لتدعيم النماذج أو للتغلب على بعض عيوبها، ومن بين مزايا الاعتماد على الرسائل أو بيانات السيرة الذاتية ما يلي:

1. تفيد العديد من المنظمات فيما يتعلق ببعض الوظائف المهنية المتخصصة.

2. لا توجد عقبات أمام المتقدم تعوقه لاستكمال نموذج طلب التوظف، وإضافة كل البيانات التي يرى أنها ضرورية.

3. يمكن تغطية كل ما يتعلق بجوانب الفرد المختلفة وخلفياته وخبراته بشكل تفصيلي.

4. يمكن أن يعد الأفراد بيانات السيرة الذاتية (CV) حسب مـا يطلب مـنهم مـع سرعة إرسـالها إلى المنظمة.

أما بالنسبة لبعض عيوب الرسائل وبيانات السيرة الذاتية فتتمثل فيما يلي:

1. قيام كل فرد بسرد بياناته المتعددة عن تعليمه ومؤهلاته وخبراته ومهاراته بشكل قصصي.

2. صعوبة إجراء عملية المقارنة بين الأفراد المتقدمين لوجود العديد مـن البيانـات المعروضـة بأشـكال مختلفة.

3. قيام طالب الوظيفة بتقديم البيانات التي يرغب في تقديمها وليس بالضرورة التي يريدها التنظيم.

ثانياً: المقابلات المبدئية:

قد تتلقى بعض المنظمات عدداً هائلاً من طلبات التوظف يفوق الآلاف، وهنا قد تلجأ المنظمة إلى الاختيار التحكمي الذي لا يعتمد على معايير عادلة، مما يـؤثر علـى عمليـة الاختيـار، وقـد يـؤدي للتحيز والتمييز بين المتقدمين، ولتجنب حدوث مثل هذه المشكلات في الاختيار تعتمد بعض المنظمات على الاختيار العشوائي بمساعدة الكمبيوتر مما يعطي الفرصة العادلة لكل متقدم في عمليـة الاختيـار، ومن ثم تقوم المنظمة بأخذ العدد المناسب من المتقدمين لإجراء المقابلات المبدئية معهم حتى يمكنها إجراء التصفية المبدئية التي تهدف إلى رفض بعض المتقدمين ممـن لا تتـوافر فيهم الشـروط الأساسية المطلوبة للوظيفة، وقد تتم هذه المقابلات بصورة سريعة وأحياناً بشكل جماعي أو لاثنين أو ثلاثة مـن المتقدمين بغية الإلمام السريع بمظهر المتقدم وعناصر شخصيته ومؤهلاتـه وخبراتـه ومبـررات رغبتـه في الالتحاق للعمل بالمنظمة، وآماله وطموحاته الوظيفية.

وبناءً على ما سبق يتخذ المقابل قراره: إما استمرار المتقدم في خطواته فينتقل به إلى الاختبارات بأنواعها المتعددة، وإما التوقف عند هذا الحد وفي الحالة الأخيرة يجب تقديم الاعتذار المناسب وشكر المتقدم على اهتمامه لرغبته في العمل بالمنظمة، وقد يعده المقابل بالرجوع لطلبه عند الحاجة مستقبلاً.

ثالثاً: الاختبارات:

تواجه المنظمات التي تتبع الطرق التقليدية في الاختيار بعض المعوقات التي قد تحد من فاعلية عملية الاختيار، وتؤثر عليه، ولذا كان من الضروري التغلب على ذلك بإجراء بعض الاختبارات للمتقدمين، وتوجد العديد من الاختبارات التي صممت في محاولة لزيادة فعالية عملية الاختيار.

وتشتمل تلك الاختبارات على تطبيق بعض المعايير والمقاييس بإجراءات محددة على الأفراد طالبي التوظف، والنظر في كيفية استجابتهم لتلك الاختبارات، ويجب أن تتوفر في هذه الاختبارات عدة شروط حتى يمكن الاعتماد عليها، وهي:

أ. أداة للقياس الفعال الذي يميز بين الأشياء والموضوعات.

ب. التوحيد والتنميط.

ج. الصدق والثبات.

د. القبول.

هـ عدم التمييز أو التحيز.

وتوجد عدة أنواع من الاختبارات يمكن الاعتماد عليها للوصول إلى الاختيار الصحيح للأفراد وتختلف استخداماتها حسب الوظيفة التي سيتقدم لها الأفراد، ومن أهم هذه الاختبارات:

1. الاختبارات الجسمانية Physical Tests.

2. اختبارات الذكاء Intelligence Tests.

3. اختبارات القيم والاتجاهات والاهتمامات Value Attitude. Interests Tests.

4. اختبارات الإنجاز Achievement Tests.

5. اختبارات القدرات والاستعداد Aptitude Tests.

6. الاختبارات الطبية Medical Tests.

7. اختبارات سرعة البديهة والاستجابة Graphic Response Tests.

8. اختبارات الشخصية Personality Tests.

9. الاختبارات النفسية Psychological.

وفيما يلي نبذة عن كل نوع من هذه الاختبارات:

1. **الاختبارات الجسمانية** Physical Tests:

تهدف الاختبارات الجسمانية إلى قياس القدرات الجسمانية للفرد، إذ تتطلب بعض الوظائف توافر الخصائص الجسمية مثل الطول والقوة والقدرة على تحمل الظروف المحيطة بالعمل كالحرارة أو الرطوبة أو الضوضاء أو التهوية، ومن ثم يجب تقييم البنيان الجسماني للفرد للتأكد من قدرته على أداء ما سيكلف به من أعمال داخل بيئة عمل ذات ظروف معينة، هذا إلى جانب أن مسؤولية المنظمة عن أمن وسلامة العاملين بها تلزمها بإجراء الاختبارات الجسمانية مما يفيد كل من الأفراد والمنظمة في ضمان استمرار العمل وعدم توقفه لأسباب صحية أو مرضية أو لتكرار الغياب أو نتيجة الإجهاد أو لزيادة معدلات دوران العمل. وتعظم أهمية هذه الاختبارات للعمالة في أفران مصانع الحديد والصلب أو مصانع الإسمنت أو ما يليها من أعمال تتطلب توافر خصائص جسمانية معينة.

2. اختبارات الذكاء Intelligence Tests:

تهدف اختبارات الذكاء إلى التعرف على مدى قدرة الفرد على التفكير المنطقي والحكم الصحيح على الأشياء واليقظة والنباهة وحسن التصرف بسرعة ودقة. ومن أهم المجالات التي تركز على قياسها هذه الاختبارات:

- التفكير الاستدلالي والقدرة اللفظية والقدرة على التعبير والحكم المنطقي.
- القدرة على التصوير البصري.
- القدرة على إدراك العلاقات بين مختلف العناصر والتركيبات.
- القدرة على تركيز الانتباه والاهتمام.
- قوة الذاكرة والسيطرة على الأفكار.
- القدرات العددية والحسابية.

3. اختبارات القيم والاتجاهات والاهتمامات:

تهدف اختبارات القيم والاتجاهات إلى التعرف على قيم الأفراد واتجاهاتهم واهتماماتهم كالمعتقدات والقيم الشخصية والاتجاهات النفسية والسلوك العام والأمانة والموضوعية، إذ تؤثر قيم الأفراد ودوافيعهم إلى حد كبير على أدائهم في العمل، فليس من الضروري أن يكون الفرد ذكياً ولديه قدرات جسمانية عالية فقط وإنما يعزز ذلك الاتجاهات الإيجابية والاهتمامات بالأداء الوظيفي والقيام بالواجبات المتعلقة به.

هذا إلى جانب أن قيم الأفراد واتجاهاتهم تسهم في وضعهم في أنشطة ومجالات معينة وفي أماكن ومع أشخاص بذاتهم مما يسهم في أداء العمل بفعالية ومن بين الاختبارات المتعلقة بالقيم المقياس الذي قدمه كلا من "ألبورت – فرنون – لند زي"

في ضوء النظرية التي صاغها الفيلسوف الألماني الشهير شبرنجر حول القيم، حيث تم تقسيم القيم الشخصية إلى مجموعات ست هي:

أ. **القيم النظرية**: وتعني الاهتمام بالحقيقة والمعالجة الموضوعية للأمور، والفرد الـذي يتميـز بسيـادة هذه القيمة يسعى وراء الحقائق والأفكار والأسباب والمبررات دون التـأثر بالمنفعـة الماديـة بشكل مباشر.

ب. **القيم السياسية**: وتشير إلى حب النفوذ والسيطرة والقوة في التأثير على الآخرين، والفرد الذي يتميز بسيادة هذه القيمة يسعى دائماً وراء القوة والسيطرة ولا يتوقف على المجال السياسي وإنما يمتد إلى جميع المجالات.

ج. **القيم الاقتصادية**: وتمثل العناية بالماديات والاهتمام بالنتـائج والفوائد المتحققـة مـن وراء كافـة التصرفات والفرد الذي يتميز بسيادة هذه القيمة يهتم بالنواحي النفعية والعائد السريع أو بعيد المدى.

د. **القيم الاجتماعية**: وتعني العناية بالآخرين وحب الناس وحب العمل مـن أجلهـم وتمثل عنصرـ الانتماء والولاء والأسرة والتعاون والرعاية، ويمتاز الفرد الـذي لديـه هـذه القيمـة بـالود والعطف والإيثار ورفاهة المشاعر والأحاسيس.

هـ. **القيم الدينية**: وتمثل الاهتمام بفهم الكون كوحدة واحدة وسيادة عوامل التقى والـورع والتعبد وإنكار الذات، والأفراد الذين تسود لديهم هذه القيمة يسعون وراء فهم الكـون وفـك غموضـه وتحديد علاقتهم به في ضوء التفكير في خالقه ومدبره ومجرى أموره.

و. **القيم الجمالية**: وتعني الاهتمام بالشكل والجمال والتنسيق والإبداع، والفرد الذي لديه هذه القيمة يتميز بحب التناسق والإبداع والجماليات ونظرته للحياة نظرة جمالية.

ويمكننا القول أنه ليس هناك من أفراد توجد لديهم قيمة واحدة من هذه القيم وإنما كل فـرد لديه هذه القيم بقدر مختلف في ترتيبها وأهميتها النسبية، وهي تؤثر في

عمليات الاختيار تأثيراً بالغاً فالمرشح لوظيفة العلاقات العامة يجب أن تسود لديه القيم الاجتماعية أما المرشح للوظائف المالية والمحاسبية فقد يفضل أن تتزايد لديه القيم الاقتصادية... وهكذا.

3. **اختبارات الإنجاز والمعرفة المهنية** Achievement Tests:

تهدف هذه الاختبارات لقياس تصرف الفرد والتعرف على سلوكه تجاه ما استفاد منه من تجارب وخبرات ماضية بحيث يستدل منها على تصور لسلوكه وتصرف المستقبلي في عمله. وتتعدد اختبارات الإنجاز المهنية بحسب الوظائف وتهتم هذه الاختبارات بالتعرف على:

- القدرات والمهارات الميكانيكية.
- القدرات والمهارات الكهربائية.
- الطباعة على الآلة الكاتبة أو الكمبيوتر.
- البرمجة على الحاسبات.

وتمثل اختبارات نماذج الأداء PerformanceTests خطوة مكملة لاختبارات الإنجاز للتأكد من مقدرة الفرد على أداء العمل المتوقع منه بدقة وفي الوقت المطلوب ومن الأمثلة العملية لذلك اختبار العمال على خطوط الإنتاج أمام آلات معينة للوقوف على إنتاجيتهم بحسب الزمن أو اختبار المحاسبين لإعداد الميزانيات أو اختبار عمال خدمات الغرف بالفنادق الكبرى على ترتيب وتنظيف الغرف بعناية فائقة وفي أسرع وقت، ومن مزايا هذا النوع من الاختبارات.

- الاطلاع بصورة عملية ومباشرة على أداء الفرد في الميدان العملي لأداء النشاط مما يعطي صورة واقعية لإنجاز الفرد.

- عدم الدخول في موضوعات شخصية ونفسية للفرد المتقدم قد تعرضه للإحراج والتركيز على أدائه العملي.
- القياس الدقيق للأداء العملي بعيداً عن التحليلات النظرية.

4. اختبار القدرات والاستعداد Aptitude Tests:

يهدف اختبارات القدرات إلى التعرف على قدرة الفرد واستعداده لأداء نشاط معين. وإن اختلفت تلك الاختبارات بحسب الوظائف الشاغرة المراد شغلها إلا أن هناك مجموعة من القدرات تسعى المنظمات إلى التعرف عليها بصفة عامة من أمثلتها:

- القدرة اللفظية والقدرة على الاتصال بالآخرين بنجاح.
- القدرات البصرية والقدرات التقديرية.
- المهارات اليدوية واستخدام الحركات المختلفة.
- المهارات الكتابية والحسابية.

وإلى جانب تلك القدرات قد تكون هناك عناصر متخصصة تبعاً لنوع الوظيفة تحاول المنظمة من خلالها الربط بين النتائج الحالية وتلك المتوقعة من الفرد مستقبلاً في مجال العمل، فالمجال الإداري يتطلب قدرات تختلف عن تلك التي يحتاج إليها المجال الفني، ويختلف عنهما المجال القيادي والاستراتيجي وهكذا تتضح ضرورة التعرف على قدرات الفرد واستعداده للإقبال على ممارسة عمل ما من عدمه.

5. الاختبارات الطبية Medical Tests:

تهدف هذه الاختبارات إلى التأكد من الصحة العامة وقدرته على أداء العمل المنوط به وخلوه من الأمراض المعدية، ومن أهم الاختبارات التي يمكن إجراؤها في هذا الصدد:

- اختبارات الكشف عن تعاطي المخدرات واختبارات التدخين.

- اختبارات الكشف عن الأمراض والظواهر الوراثية وخاصة التي تمثل مشكلات طبية تعوق أداء العمل.

- اختبارات التصفية الطبية التي تهتم بقياس القدرة على العمل في بيئة كيميائية معينة، وذلك لعمال مصانع الصلب والإسمنت والنسيج والمناجم والمعادن و... غيرها.

6. اختبارات سرعة البديهة والاستجابة Graphic Response Tests

وتهدف هذه الاختبارات إلى قياس قدرة الأفراد على الاستجابة بسرعة للأحداث المحيطة أو الأسئلة التي تلقى عليهم للتعرف على سرعة رد الفعل ومن أمثلتها الاختبارات الخاصة برجال الأمن والبوليس، ومن يعملون في مجال البحث، كذلك لدى مندوبي البيع وعمال متاجر التجزئة والأعمال التي تحتاج إلى الكياسة والفطنة وسرعة البديهة والتصرف بدهاء، ولا يجب التوسع فيها، أو إجراؤها بشكل مباشر قد ينظر إليه المتقدم على أنه خرق لحريته ولذا يجب الحرص عند تطبيقها، وحبذا لو كانت بشكل غير مباشر أو متداخلة بين الاختبارات الأخرى.

7. اختبارات الشخصية:

تعد اختبارات الشخصية من أكثر الأدوات انتشاراً بين علماء النفس رغم الانتقادات الشديدة التي توجه إليها. ومثل هذه الاختبارات تتطلب من المتقدم الإجابة عن أسئلة مباشرة تتصل بذاته أو آرائه أو بأشياء أخرى كعاداته وإحساساته ومخاوفه وما يفضله من أشياء، وتصاغ الفقرات عادة في صورة المتكلم "أشعر أحياناً برغبة في إعطاء أوامر للآخرين" أو صيغة المخاطب "هل تشعر بالضيق إذا راقبك الناس أثناء أدائك لعملك حتى ولو كنت تؤديه جيداً"، وأحياناً أخرى تصاغ العبارات في صورة الغائب "أحياناً يحب "س" العمل بمفرده بعيداً عن الجماعة" وقد يكون الأخير ميزة

إذا قام بالإجابة على أسئلة الاختبار المدير فيما يتعلق بأحد مرؤوسيه الذي تربطه به صلة قوية. وتتعدد أنواع اختبارات الشخصية ومن بينها:

- اختبارات تقدير السمات الخاصة بالفرد (كالثقة بالنفس – السيطرة...).
- اختبارات تقييم التوافق في علاقات الفرد (بالمنظمة/ بالأسرة/ المجتمع).
- اختبارات التصنيف في مجموعات إكلينيكية.
- اختبارات الميول والاتجاهات والقيم (الميول المهنية/ الميول نحو الدين/ القيم).

وتوصلت العديد من نظريات الشخصية إلى نتائج تحدد أنماط الشخصية من بينها دراسة Lasswell عن القيادة وقد خرج بأنماط اجتماعية لأنواع القيادات هي: (الإداري- الدبلوماسي- الفوضوي-محب الرئاسة-النظري)، وتوصلت نتائج إحدى الدراسات الأخرى لدراسة الشخصية الإدارية إلى الأنماط الأربعة التالية:

أ. النمط الحرفي الماهر: ويتسم هذا النمط بإتقانه للعمل ومراعاة أخلاقياته والتعرض للمشكلات ومحاولة حلها، ويحب العمل في مجموعات ويقيم الآخرين من خلال نوعية العمل الذي يمارسونه وما يقدمونه له من دعم في مجال عمله.

ب. النمط الاجتماعي المشارك: يتسم بالولاء والانتماء والمسئولية والإخلاص للمنظمة التي يعمل بها، ويبني شعوره بالأمان على أساس علاقاته بأعضاء التنظيم ويرعى مشاعر الآخرين ولديه القدرة على التعامل مع جميع أنواع البشر.

ج. النمط القوي العلمي: يركز على تحقيق القوة والنجاح، ويميل إلى التحكم والسيطرة وارتقاء المكانة الرفيعة التي تحقق له المكانة والسيطرة والمسئولية واتخاذ القرارات المؤثرة في الآخرين، لديه المخاطرة ويحب جو العمل النشط.

د. النمط المبتكر الخلاق: يعمل على محاولة اكتشاف الطرق الجديدة ويتبع أساليب التفكير الإبداعي ويستحث نفسه والآخرين للتحدي والابتكار في العمل ويتسم

الديناميكية وسرعة استحضار الأفكار الجديدة وتحمل المخاطر والرد على النقد والأعمال لديه أهم من الأقوال.

8. الاختبارات النفسية Psychological Tests:

تهدف هذه الاختبارات إلى تحديد موضوعي وصادق لمعرفة الحالة النفسية والمزاجية للأفراد من خلال التعرض لبعض المواقف والسؤال عن بعض السلوكيات والتصرفات بصورة مباشرة أو غير مباشرة بما يسهم في الوقوف على الحالة المعنوية للأفراد، وتعد هذه الاختبارات من بين اختبارات الشخصية وتهتم بالتعرف على بعض الموضوعات من بينها:

- الصحة النفسية.
- قدرة الفرد على العمل داخل المجموعة.
- قدرة الفرد على السيطرة والخضوع.
- تحديد الأنماط والخصائص المتعلقة بالاتزان الانفعالي والعلاقات الاجتماعية.

ومن بين عبارات أحد مقاييس الاختبارات النفسية ما يلي:

أ. هل تحس عادة الصحة وبالقوة.

ب. هل تنام عادة نوماً هادئاً.

ج. هل تفزع كثيراً من نومك أثناء الليل.

د. هل ينتابك الكابوس.

هـ. هل تعتاد سريعاً الأماكن الجديدة.

و. هل تشعر بالتعب والإجهاد بسرعة.

ز. هل تتغير اهتماماتك كثيراً.

رابعاً: المقابلات:

تمثل مقابلة الاختيار وسيلة لتقييم المتقدمين لشغل الوظائف، من خلالها تجرى محادثة مع الأشخاص وجهاً لوجه، يبحث المقابلون مع المتقدمين الإجابة عن ثلاث تساؤلات جوهرية: هل يستطيع المتقدم أن يقوم بالعمل (القدرة)؟. وهل يرغب المتقدم في أداء العمل (الرغبة)؟. كيف يمكن مقارنة المتقدم مع الآخرين ممن يؤدون نفس العمل؟

وتعد المقابلة من أهم الأساليب الواسعة الانتشار في مجال الاختيار لما تتميز به مرونة وإمكانية التطبيق سواء مع العمالة الماهرة أو غير الماهرة، ومع المستويات الإدارية أو الفنية والمهنية، بالإضافة إلى اعتبارها قناة لتبادل المعلومات في اتجاهين فالمقابلون يحصلون على كافة المعلومات عن المتقدمين، والمتقدمين يتعرفون على ما يريدونه من معلومات عن طريق المقابلين.

* أهداف المقابلات:

تتمثل الأهداف التي تسعى المنظمة إلى تحقيقها من مقابلات الاختيار فيما يلي:

1. الحصول على المعلومات: تسعى المقابلة بشكل أساس إلى الحصول على كافة المعلومات عـن الأفراد المتقدمين لشغل الوظيفة ومدى ملاءمة طالب الوظيفة لتحقيق الإنجاز الذي تتطلبه تلك الوظيفة.

2. إمداد المتقدمين بالمعلومات: تهتم المقابلة أيضاً بإمداد المتقدمين بالمعلومات الكافية عـن المنظمة وتاريخها ومنتجاتها.... كذلك معلومات عن الوظيفة وواجباتها ومهامها وعلاقاتها... وغيرها.

3. المراجعة الشخصية لطالبي الوظيفة: تركز المقابلة على لقاء الأفراد المتقدمين وجهاً لوجه، فمن خلال المقابلة يمكن للمديرين والمشرفين وزملاء العمل تغيير أنماط

شخصية المتقدمين والتعرف على قيمهم واتجاهاتهم وثقافاتهم ومدى توافقها مع ثقافة المنظمة، هـذا مع تقيم النواحي المادية الأخرى المؤثرة على الأداء الوظيفي.

* الانتقادات الموجهة للمقابلات:

تظل المقابلات من أهم الطرق الشائعة وأشهرها لإجراء عمليات الاختيار، حتى مع الانتقـادات المتعددة التي توجه إليها، والتي من بينها:

1. خطأ الانطباع الأول: غالباً ما يكون المقابلون فكرتهم عن المتقدمين خـلال الـثلاث أو الأربـع دقـائق الأولى من المقابلة.
2. التأثر بالمعلومات المذكورة في طلبات التوظف: نادراً ما يمكن للمقابلات أن تغير من الرأي أو التوجه الذي كونته طلبات التوظف التي قدمها طالب التوظف.
3. عادة ما يركز المقابلين اهتمامهم على المظاهر والدلائل غير الإيجابيـة أكـثر مـن اهـتمامهم بمراعـاة المظاهر المؤيدة والإيجابية.
4. إذ كون المقابلون فكرة مبكـرة في بدايـة المقابلـة عـن الأفـراد الـذين يـتم مقـابلتهم، فـإن سـلوكهم وتصرفهم عادة ما ينقل ذلك للأفراد.
5. قد يغطي أحد المظاهر التي يبدو عليها أحد المتقدمين على بقية العناصر الواجب دراستها، كالسرعة أو حسن المظهر أو التردد.
6. إذا كان هناك عدداً من المقابلين لإجراء المقابلة مع أحد المتقدمين، ولم يحدث بيـنهم اتفـاق محـدد عن المتقدم، فإنهم غالباً ما يرجئون البت في أمره.
7. عادة يميل المقابلون إلى اختيار من يتوافق مع ميولهم واتجاهاتهم.

ومع كل هذا يميل الأفراد لاتباع طريقة المقابلة في كثير من الأحيان للمبررات التالية:

1. تعطى انطباعاً لدى المتقدمين بأهمية إجراء الحوار معهم للمفاضلة وانتقاء الأفضل.

2. المرونة: تتسم المقابلة بقدر وافر من المرونة وسرعة الحصول على المعلومات المتعددة من طالب الوظيفة بصورة مباشرة.

3. اعتياد الأفراد على وجود مقابلات، ولذا تحظى بالقبول كجزء من إجراءات الاختيار فقد أثبتت الدراسات أن 85% من طالبي التوظف بأن المقابلة تعد هي الطريقة المناسبة والعادلة لإجراء عملية الاختيار.

* أنواع المقابلات:

1. المقابلات الفردية والجماعية: Individual & Group Interviews

أن مقابلة أحد المتقدمين عن طريق أحد المقابلين تعد هي النوع الأكثر انتشاراً لمقابلات الاختيار ومع ذلك قد تبدو أحياناً أهمية إجراء المقابلات الجماعية للوقوف على جوانب مختلفة أو معلومات متنوعة ويوضح الجدول رقم (5-1) أنواع المقابلات من حيث عدد المقابلين والمتقدمين.

أنواع المقابلات من حيث عدد المقابلين والمتقدمين

نوع المقابلة/ العدد	عدد المقابلين	عدد المتقدمين
مقابلة فردية	1	1
مقابلة جماعية	2 أو أكثر	1
	1	2 أو أكثر
	2 أو أكثر	2 أو أكثر

وإن كانت المقابلات الفردية يتميز بضمان التفاعل الكبير من الطرفين، إلا أن المقابلات الجماعية تتيح الفرصة لتقييم إجابات المتقدم بناء على عدة آراء مما يسمح بالشمول والتكامل وإجراء المقارنات بين المتقدمين.

2. المقابلات المخططة والمقابلات غير المخططة:
Struetured & unstructured Interviews

تشير المقابلة المخططة (الموجهة) إلى التزام المقابل بإطار محدد من الأسئلة تـم صياغته قبـل إجراء المقابلة بحيث يتم توجيهه لجميع المتقدمين بنفس الأسلوب إن الأسئلة المحددة تعطى للمقابلة صفة الثبات ولكنها لا تسمح للمقابل بدرجة مـن الحريـة والتفاعـل مـع المتقـدم للوظيفـة خاصـة إذا كانت هناك إجابات تتطلب المزيد من المحادثة والنقاش.

أما المقابلة غير المخططة (غير الموجهة) فإنها تسمح بقدر كبير من الحرية للمقابلين في توجيه المقابلة حسب ما يرونه في صالح نجاحها. ولذا يعمد المقابل إلى تحديد الموضوعات الجوهرية والنقاط التي يريد مناقشتها مع المتقدم، وإن كان يعيب هذا النوع من المقابلات الضـعف في درجة الصـدق والثبات نتيجة اختلاف الأسئلة أو تسلسلها أو طريقـة إلقائها مـن متقـدم لآخـر، إلا أنهـا قـد تكون ضرورية خاصة في الوظائف العليا والتي تتطلب قدر كبير من المهارة في أنشطة متنوعة.

3. المقابلات المختلطة Mixed Interviews:

عادة ما يعتمد المقابلون في إجراء مقابلاتهم على مزيج من المقابلات المخططة والمقابلات غير المخططـة فالأسـئلة المحـددة مسبقاً والتـي تتطلبهـا المقابلـة المخططـة تمثـل الأسـاس للحصـول عـلى المعلومات التي تفيد في إجراء المقارنات بـين المرشـحين للوظيفة، كـما تـؤدي الأسـئلة المفتوحـة وغير المحددة مسبقاً إلى المناقشة بحرية مع المتقدمين مما يعطي الفرصة الأكبر للمقابل للوقوف عـلى كافة النواحي المتعددة والمتنوعة عن المتقدمين، ولهذا تلجأ الكثير من المنظمات إلى المقابلة المختلطة للجمع بين مزايا النوعين السابقين.

4. **مقابلات حل المشكلات** Problem Solving Interviewing:

تركز مقابلات حل المشكلات على عرض بعض المشكلات العملية أو الافتراضية على المتقدم، ذات الصلة بعمله، ويسأل عن سلوكه وتصرفه حيال هذه المشكلة.

وتكشف هذه المقابلات عن قدرة المتقدم على التصرف في المواقف التي يواجهها، ولهذا تتسم بقدر كبير من الموضوعية وخاصة عندما تكون المشكلات المعروضة أقرب إلى واقع ا لعمل بالوظيفة. فقد تشتمل إحدى المقابلات على السؤال التالي: "افترض إنك ستسهم في اتخاذ قرار بشأن ترقية أحد اثنين من المرشحين: الأول مخلص ومتعاون، ودقيق في مواعيده، ويعمل بجد، والثاني دائم الشكوى، وبطيء في تصرفاته، وفظ في تعاملاته ولكن أفضل من يعمل داخل قسمه. من الذي توصى بترقيته؟ ولماذا؟ ويتم تقييم المتقدم بحسب أسلوبه في التفكير، وتصرفه في حل المشكلات المعروضة عليه.

5. **مقابلات الضغوط** Stress Interviews:

تهدف مقابلات الضغوط إلى التعرف على رد فعل المتقدم تجاه بعض المواقف بالضغوط التي يواجهها وهو يمارس الوظيفة، ويجب أن يتميز من يجريها بالكفاءة والخبرة السابقة في إدارة مثل هذه المقابلات، كما يجب ألا يعتمد عليها إلا إذا كانت طبيعة الوظيفة تقتضي ذلك.

وتركز مقابلات الضغوط على توجيه بعض الأسئلة غير المريحة التي تزعج المتقدم، وأحياناً تصاغ الأسئلة في شكل استفزازي غير ودي يضع المتقدم في وضع دفاعي مطلوب منه تقديم المبررات للدفاع عن نفسه أو الخروج من هذا المأزق، وهي تناسب وظائف متعددة من بينها الشرطة والتعامل مع العملاء.

* أمثلة لأسئلة مقابلات الاختيار:

حتى يحصل المقابل على المعلومات التي يريدها عن المتقدم واهتماماته واتجاهاته وخلفياته فإن يوجه إليه عدة أسئلة خلال المقابلة، ويوضح الشكل رقم (4/5) بعض الأمثلة لأسئلة مقابلات الاختيار:

* أخطاء المقابلات:

يعترض نجاح مقابلات الاختيار بعض الأخطاء والمعوقات، يرجع بعضها للمقابلين وبعضها الآخر للمتقدمين، وقد يتمثل سببها الرئيسي في النواحي الإجرائية والتنظيمية والمسارية لإتمام المقابلة:

1. **أخطاء المقابلين:** يقع المقابلون في بعض الأخطاء التي تؤدي إلى عدم فعالية نتائج مقابلات الاختيار من بين تلك الأخطاء التحيز الشخصي لبعض المتقدمين والوقوع تحت تأثير الهالة، هـذا إلى جانب طرح بعض الأسئلة البديهية، ومن الأخطاء القاتلة للمقابلين أيضاً محاولة إظهار هيمنتهم وسيطرتهم ومراكزهم الوظيفية والمبالغة في الحديث عن المنظمة والوظيفة على حسـاب المتقدم وإمكاناته.

أمثلة الأسئلة مقابلات الاختيار

1. كيف تقضي وقت فرغك؟ ما هي هواياتك؟
2. ما هي الأنشطة الاجتماعية التي تمارسها؟
3. تناول وصفاً تفصيلياً للوظيفة المثالية من وجهة نظرك؟
4. لماذا تريد العمل بمنظمتنا؟
5. لماذا تركت آخر وظيفة؟
6. ما الذي تعرفه عن منتجات منظمتنا؟
7. ما هي من وجهة نظرك صفات وخصائص القائد الفعال؟

8. ما هي أهم جوانب قوتك وضعفك؟
9. ما هي أهدافك لتنمية مسارك الوظيفي؟
10. ما هي أهم المهارات التي تتحلى بها وتفيد وظيفتك؟
11. من هو أحسن رئيس عملت معه أو أستاذ تعلمت على يديه؟ ولماذا؟
12. هل حصلت على برامج تدريبية لها علاقة بالوظيفة؟ وما هي؟
13. هل يمكنك العمل وقتاً إضافياً؟
14. ما هي طموحاتك الوظيفية؟
15. هل لديك أية استفسارات عن المنظمة أو خدماتها؟
16. هل تقبل الانتقال لمدينة أخرى إذا اقتضت ظروف العمل ذلك؟
17. هل تمانع في أن نتصل بالجهات التي كنت تعمل فيها من قبل أو أن نرجع لبعض الشخصيات للاستفسار عنك؟

2. **أخطاء المتقدمين:** يقع بعض المتقدمين للوظائف في أخطاء تؤدي لفشل نتائج المقابلات وتؤثر على اختيارهم لشغل الوظائف الشاغرة يرجع بعضها لمحاولة هجوم المتقدمين على عناصر أخرى لتغطية قصورهم ونقاط ضعفهم المرتبطة بالوظيفة، كما تقع بعض الأخطاء أيضاً نتيجة اندفاع المتقدمين وتسرعهم، وإذا كان المقابل محترف في إجراء عشرات المقابلات بل المئات منها ويقع في الأخطاء فما بالنا بالمتقدم الذي قد تمثل تلك المقابلة أول تجربة له بجانب التوتر الذي يلازمه والقلق النفسي الذي ينتابه. ويمكن تحديد أهم أخطاء المتقدمين فيما يلي:

* توقع لعب المباريات، حيث يفترض المتقدم أن المقابل ينظر له على أنه مؤهل تأهيلاً كاملاً لشغل الوظيفة وبالتالي تجده على أهبه الاستعداد للرد والدخول في مباراة مع الطرف الآخر يسعى لكسبها.

* الحديث المبالغ فيه، وعن أي موضوعات وخاصة غير المتعلقة بالوظيفة.
* الفخر والتباهي: فالمتقدم يعتزم تسويق نفسه للمقابل وفي سبيل ذلك قد ينسى الوظيفة والواجبات والمسئوليات والإمكانات المطروحة لتحقيق ذلك.
* عدم الإنصات الجيد، إن عدم إصغاء المتقدم بعناية لما يطرحه المقابل قد يؤدي لسوء الفهم وبالتالي عدم الدقة في تبادل المعلومات بين الطرفين.
* عدم التهيئ النفسي، إن عدم التهيئة النفسية للمتقدم تؤدي إلى توتره وعدم استقراره وبالتالي تؤثر سلبياً على إجاباته واستفساراته مع المقابل.
* الأخطاء التنظيمية والإجرائية للمقابلة:

تمثل الأخطاء التنظيمية والإجرائية لمقابلات الاختيار أحد الأسباب التي قد تؤدي إلى عدم نجاحها أيضاً، ومن بين تلك الأسباب سوء المكان الذي تتم فيه المقابلة أو عدم تجهيزه وإعداده بالشكل اللائق للمقابلة، هذا بالإضافة إلى التعديلات المتكررة لمواعيد إجراء تلك المقابلات وعدم الالتزام بها والاستهانة بوقت المتقدمين، وإلى جانب ذلك الترتيب غير الدقيق لعملية الانتظار وتنظيم دخول وخروج الأفراد وعدم ملاءمة المناخ النفسي المصاحب للمقابلة لدخول آخرين أو للمقاطعات التليفونية أو التواجد في غرفة مليئة بالأوراق والدواليب والسجلات... الخ.

* قواعد إدارة مقابلات الاختيار:

من أهم القواعد الواجب مراعاتها لنجاح مقابلات الاختيار ما يلي:

المجموعة الأولى: **قبل إجراء المقابلة:**

1. التأكد من إلمام المتقدمين بملخص واف عن المنظمة بالإضافة إلى الوظيفة المرشح لها.
2. التأكد من استيفاء نماذج طلب التوظف وتوفر المستندات والأوراق الضرورية المرتبطة بالمقابلة ومنها بطاقات الوصف والتوصيف الوظيفي.

3. إعداد المكان المناسب والمجهز لإجراء المقابلة بعيداً عن كافة أنواع المقاطعات ومنها الشخصية والتليفونية.

4. متابعة المقابلين الآخرين والتأكد من إعلامهم هم والمرشحين بالميعاد والتاريخ ومكان المقابلة.

5. مراعاة مناسبة الوقت المحدد لإجراء المقابلة والتأكد أنه يسمح بمناقشة المرشحين في البطاقات التي ملؤها والموضوعات والتساؤلات الأخرى المتوقعة.

6. صياغة بعض الأسئلة والاستفسارات التي تؤكد أن الأبعاد قد تم مراعاتها وتغطيها.

7. التأكد من مشاركة جميع المقابلين واهتمامهم بمناقشة المتقدمين وسعيهم لنجاح المقابلة.

المجموعة الثانية: أثناء القابلة:

1. وضع تصور للجدول الزمني للمقابلة بحسب الأسئلة والاستفسارات مع مراعاة وقت الدخول والانصراف.

2. مراعاة التسلسل والتدرج أثناء إجراء المقابلة في بدايتها ومنتصفها وفي النهاية.

3. البدء بالترحيب بالمتقدمين ووضعهم في المكان المناسب والجلوس في مقابلهم.

4. تعريف المتقدمين بالمقابل أو المقابلين بشكل ودي.

5. تحديد الهدف من المقابلة وبيان كيفية إتمامها.

6. محاولة البدء بتوجيه الأسئلة المفتوحة التي تشجع المتقدمين على الحديث وخاصة تلك التي تبدأ بـ: من؟ وماذا تعتقد؟ أين؟ متى؟ لماذا؟ أو أن يبدأ السؤال هكذا... حدثنا من فضلك ما الذي تراه بشأن...

7. الاستعانة بالبيانات المذكورة في طلب التوظف الذي استوفاه المتقدم والتساؤل عن أي بيانات تكميلية أو غير واضحة.

8. يجب الانتباه لتعبيرات المتقدمين وحركاتهم والاستفادة من اللقاء المباشر في الكشف عن الخصائص والمواصفات الضرورية.

9. يجب عدم التردد في حمل المتقدم على الإجابة بدقة من الأسئلة إذا شك المقابل في بعض إجاباته، مع مراعاة الأسلوب والطريقة المناسبة.

10. الإنصات بدقة لحديث المتقدم ومحاولة قراءة ما بين السطور والتعرف على ما لم يقله.

11. توجيه الأسئلة للمتقدمين لبيان الأمثلة والنماذج التوضيحية لما يقولونه مما يظهر أفكارهم بوضوح ويبين تجاربهم وثمار خبراتهم الماضية.

12. يجب أن يسجل المقابل أفكاره وآراءه وملاحظاته بصورة مباشرة عن المتقدم، ويفضل ألا يزيد عدد الأفراد الذين يتم مقابلتهم في اليوم عن ستة أشخاص.

13. مع اقتراب المقابلة من نهايتها يجب أن يسأل المقابل المرشحين عن أية أسئلة أو استفسارات يريدون توجيهها للتعرف أكثر عن الوظيفة أو المنظمة.

14. يجب إخبار المرشحين عن الموعد الذي يمكنهم فيه التعرف على نتيجة المقابلة والإجراءات المكملة بعد ذلك.

المجموعة الثالثة: بعد المقابلة:

1. تسجيل نتائج المقابلة بشكل مباشر ودقيق.

2. إبلاغ المتقدمين بالنتائج بسرعة كلما كان ذلك ممكناً.

3. إبلاغ المتقدمين الذين نجحوا في المقابلة بشروط التعيين وإجراءاته والأجور والحوافز الخاصة بالوظيفة مع إعداد عقود التعيين.

ويوضح الجدول التالي العوامل التي يجب أن يأخذها كل من المقابل والمتقدم للوظيفة في الاعتبار حتى تنجح المقابلة.

العوامل الواجب مراعاتها لنجاح المقابلة

مراحل المقابلة	المقابل	المتقدم للوظيفة
قبل المقابلة	* الاطلاع على طلب التوظف/ السيرة الذاتية * التعرف على إجراءات المقابلة. * إعداد وصياغة الأسئلة. * تجهيز مكان المقابلة.	* التأكد من المظهر والملبس وميعاد المقابلة. * الدخول لمقر المنظمة. * إعلان المسئولين عن الوصول. * مراجعة البيانات السابق تدوينها بطلب التوظف.
أثناء المقابلة	* الترحيب بالمتقدم. * تقديم المرشح للجلوس في المكان المعد له. * يجب كسر حاجز الرهبة بعبارات ودية قصيرة. * توجيه الأسئلة بطريقة مشجعة للحصول على الإجابات الدقيقة. * الإنصات للمتقدم بعناية. * الرد على استفسارات المتقدم بوضوح وإقناع. * تقديم المنظمة بصورة صحيحة. * التلميح عن قرب انتهاء المقابلة. * بيان الخطوات التالية.	* الترحيب بالمقابل. * الجلوس في المكان المخصص. * تعريف المقابل بنفسك. بصورة مختصرة ومؤثرة. * تقديم بعض المعلومات الضرورية عن الخلفيات الوظيفية والعملية. * إبراز المهارات والقدرات الشخصية المرتبطة بالوظيفة. * إظهار الرغبة والحماس للالتحاق للعمل بتلك الوظيفة في هذه المنظمة. * توجيه الأسئلة للاستفسار عن المرتبات أو المسار الوظيفي أو المناخ التنظيمي...

بعد المقابلة	* تسجيل النتائج بسرعة وإبلاغ المتقدمين بالنتيجة. * مناقشة المرشحين الذين نجحوا في المقابلة في الأمور المالية وعقود التعيين.	* التعرف على مواعيد مراجعة المنظمة للتعرف على النتيجة. * الاهتمام بمتابعة المنظمة باستمرار. * مناقشة المسئولين في البنود المالية وعقود التعيين إذا تخطوا المقابلة بنجاح.

بعد اتخاذ قرار تعيين الأفراد الذين تم اختيارهم وتخطوا بنجاح جميع مراحل عملية الاختيار يصبح من الضروري استقبالهم كعاملين جدد وتزويدهم بالمعلومات التفصيلية والعمل على دمجهم في سياسات وقيم وثقافة المنظمة، ويتطلب ذلك برامج للتوجيه والرعاية والتهيئة المبدئية هدفها تعريف الموظف الجديد بمنظمته وأهدافها وفلسفتها وعملياتها وأنشطتها وكذلك تعريفه بالأنظمة المختلفة ورؤسائه وزملائه وذلك في المرحلة الأولى من تسلم العمل.

* محتويات ومسئولية برامج التوجيه والرعاية والتهيئة المبدئية:

Socilization & Orientation

عادة تهتم إدارة المواد البشرية بإعداد الرعاية والتوجيه والتهيئة المبدئية، كما يقوم المشرفين أيضاً باستقبال الموظفين الجدد وتقديمهم لزملائهم القدامى وتعريفهم بواجباتهم ومهام نشاطهم وأحياناً يجدر مقابلة العاملين الجدد بالآخرين في مختلف الإدارات والأقسام بالمنظمة وخاصة إذا كانت هناك مجالات للتعاون أو مشاركة في الأداء بحيث يستشعر الموظف أنه أصبح جزءاً من الشبكة الاجتماعية للمنظمة.

وعلى ذلك يمكن أن تغطي برامج الرعاية والتوجيه والتهيئة المبدئية للعاملين الجدد الموضوعات التالية:

أ. التعريف بالمنظمة:

1. تاريخ إنشاء المنظمة وتطورها.
2. التقسيم الداخلي للمنظمة.
3. أسماء ومراكز أهم المسئولين بالمنظمة.
4. تصميم التسهيلات المادية.
5. مزيج المنتجات الذي تقدمه المنظمة.
6. العملية الإنتاجية التي تتبعها المنظمة.
7. سياسات وقواعد المنظمة.
8. فلسفة الإدارة التي تنتهجها المنظمة.
9. إجراءات الأمن والسلامة.

ب. **القواعد والمزايا التي تعود على العاملين:**

1. الأجور والرواتب.
2. الإجازات اليومية.
3. أوقات الراحة اليومية.
4. مزايا التعليم والتدريب.
5. النصح والمشورة.
6. المزايا التأمينية.
7. برامج التقاعد والمعاش المبكر.
8. الخدمات التي تقدمها المنظمة للعاملين بها.
9. برامج الإصلاح والتطوير.

ج. **التعريف والتقديم للآخرين:**

1. التقديم والتعريف للمشرفين.
2. التقديم للزملاء القدامى.
3. التقديم للمدربين.
4. التقديم لمستشاري وخبراء المنظمة.
5. التقديم والتعريف بالمراكز الخدمية العامة كالخزينة والوحدة الطبية... الخ.

الفصل الخامس
إدارة هيكل الأجور وتقييم الوظائف

تعتبر الأجور الأساس الصلب والقاعدة الأساس الذي تقوم عليه المنظمة أولاً، والمصدر الأساسي لدخل الأفراد وهي الحلقة التي تربط الطرفين وتكمل المعادلة الإنتاجية للمنظمة، ولولا الأجور لما كان هناك عمال وموظفين وكلما تعاظم الكم الأجوري متوافقاً مع ما يبذل من جهود الأفراد، كلما زادت عجلة الإنتاج في المنظمة.

وإن مفهوم نظام الأجور يعني العوائد المالية والفوائد والخدمات التي تقدم إلى العاملين في المنظمة. ويبين الشكل التالي مجموعة العوائد التي من المفترض أن يتلقاها العامل في المنظمة.

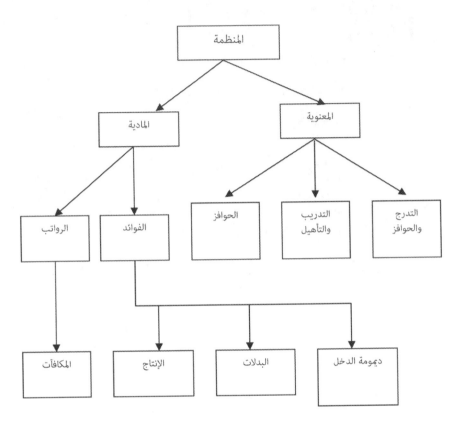

* أهميتها:

تبدو أهمية الأجور على النحو التالي:

أهمية الأجور للأفراد:

تعتبر الأجور المصدر الرئيسي لدخل معظم الأفراد العاملين وهي المصدر الأساسي لمعيشتهم، هذا ويحدد الأجر التقدير العام لمهارات وقدرات ومؤهلات الأفراد، والأجور تؤثر أيضاً على مكانة الفرد الاجتماعية حيث تقاس منزلة الفرد في بعض المجتمعات بما يحققه من مكاسب مالية. وتدفع الأجور الأفراد للترقي الوظيفي والعلمي عن طريق زيادة كفاءة الفرد لتحسين إنتاجيته ومؤهلاته للاستفادة من المزايا المتاحة في الأجور والمكافآت.

أهمية الأجور للمنظمة:

تمثل الأجور عنصراً مهماً من عناصر الإنتاج، وإن اختلفت تلك النسبة من منظمة لأخرى حسب طبيعة نشاطها ومدى اعتمادها على رأس المال البشري والفكري، ففي صناعة تكرير البـترول لا تتعـدى تلك النسبة 6% من تكلفة الإنتاج، بينما في صناعة المنسوجات تصل إلى حوالي 55% مـن التكلفـة، ولذلك يجب أن يتوافق الأجر مع عدة عوامل مؤثرة منها:

- إنتاجية الموظف ومهارته ومستوى المسئولية.
- أن لا يشكل عبئاً على أصحاب المصلحة ومالكي المنظمة.
- أن لا يتعارض مع المنظمة والقوانين الحكومية.

أهمية الأجور بالنسبة للمجتمع:

تمثل الأجور المصدر الجوهري للقوة الشرائية المحركة للاقتصاد القومي وكلما تحسنت الأجور يميل السوق إلى الانتعاش لكل القطاعات الاقتصادية بالمجتمع. مـع ملاحظة أن يـرتبط ارتفاع الأجور بالإنتاجية مما يسهم في تحقيق النمو الاقتصادي للدولة، وإلا فإذا زادت الأجور وتسببت في ارتفاع الأسعار فيحدث التضخم أو الركود أو ينخفض الطلب على بعض المنتجات التي ينتجها العاملون مـما قد يسبب انخفاضاً في عدد الوظائف المطلوبة لإنتاج هذه المنتجات وبالتالي تخفيـض في تكلفـة فـرص العمل وهو ما يعني زيادة البطالة.

كما أن الأجر بالنسبة للمجتمع يمثل واجهة المنظمة وسمعتها وهو وسيلة استقطاب للكفاءات البشرية النادرة والحرص على الاحتفاظ بها في المنظمة.

* الأهداف العامة لبرنامج الأجور:

1. تساعد على جذب أعداد ونوعية الموظفين المطلوبين لتشغيل المنظمة.

2. يساعد على تسهيل تحقيق مكانة تنافسية في تسويق المنتجات والخدمات، خاصة في المنظمات الربحية.

3. ربط برنامج الأجور بالوقت والتكلفة، وكذلك بموارد المنظمة وأولوياتها الخاصة بالعاملين.

4. يجب أن يكون البرنامج مقبولاً، ويحصل على موافقة الموظفين.

5. يجب أن يلعب البرنامج دوراً إيجابياً في تحفيز الموظفين على الأداء بأفضل طاقاتهم. وتحسين مهاراتهم وقدراتهم.

6. يجب أن يحصل البرنامج في القطاع الخاص على موافقة الجمهور ومن بينهم المساهمين والعملاء والحكومة والعامة.

7. يجب أن يعد البرنامج الموظفين بالفرصة لتحقيق طموحات معقولة داخل إطار من المساواة والعدالة.

* ربط الأجور بالأهداف الاستراتيجية للمنظمة:

عندما تقوم المنظمات بتقليص حجم الإنتاج والعمالة أو إعادة التنظيم أو إعادة الهيكلة، فإنها تميل إلى أن يكون الهيكل التنظيمي أقل هرمية وتتقارب مستوياته بشكل كبير، وذلك لاكتساب المرونة والقدرة على الاستجابة بسرعة لحاجات العملاء المتغيرة بصورة دائمة، وفي ظل وجود أعداد قليلة من الموظفين، فإن هذه المنظمات ينبغي عليها أن تدير برامج الأجور بطرق يمكن من خلالها تحفيز الموظفين الباقين للقيام بإسهامات فعالة مع خلق تصور لديهم بالتمكين من وظائفهم وإشعارهم بامتلاك وظائفهم.

إن أحد نتائج البيئة الديناميكية للأعمال اليوم هـو رغبـة وحاجـة المـديرين إلى تغيـير فلسـفة الأجور لديهم، من الأجور على وظيفة معينة أو على لقب معين إلى مكافأة الأفراد على أساس إسهامات الموظفين الفردية في تحقيق نجاح المنظمة. لذلك ينبغي أن يتم صياغة برنامج الأجور وفـق احتياجـات المنظمة وموظفيها.

ومن الأهداف الاستراتيجية لسياسات الأجور ما يلي:

1. مكافأة الموظفين على أدائهم الماضي.
2. الحفاظ على مكانة تنافسية في سوق العمل.
3. المحافظة على المساواة في الرواتب بين الموظفين.
4. توافق أداء الموظفين المستقبلي مع الأهداف التنظيمية.
5. التحكم في ميزانية الأجور.
6. جذب موظفين جدد.

وللوصول إلى هذه الأهداف يجب تحديد سياسات الأجور لمساعدة الإدارة وإرشادها في اتخاذ القرارات، وتتضمن هذه السياسات ما يلي:

1. دراسة معدل الأجور داخل المؤسسة وما إذا كان أعلى أو أقل أو نفس مستوى المعدل السائد في المجتمع.
2. قدرة برنامج الأجور على اكتساب موافقة الموظفين أثناء تحفيزهم على بذل أقصى ما لديهم من قدرات.
3. مستوى الأجور الذي يمكن عنده تعيين موظفين واختلاف الأجور بين الموظفين الجدد والقدامى.
4. الفترات التي يزداد فيها الأجر يجب أن تكون محددة كذلك الدرجة التي يمكن أن تؤثر بها الأقدمية في هذه الزيادة.

5. مستويات الأجور المطلوبة لتسهيل تحقيق مكانة مالية سليمة فيما يتعلق بالمنتجات أو الخدمات المقدمة.

* الأجور وأداء الفرد العامل:

على المديرين أن يربطوا بعض المكافآت بجهد الموظف وأدائه، وبدون هذا المعيار فإن الدافعية للأداء بأقصى جهد ستكون منخفضة أو قليلة، مما يؤدي إلى تكاليف أعلى للأجور في هذه المنظمات.

إن مصطلح الأجور مقابل الأداء يشير إلى دراسة مجموعة كبيرة من خيارات الأجور من بينها مزايا الراتب الأساسي، العلاوات، العمولات والحوافز، وبرامج عديدة خاصة بمشاركة الأرباح، وأثرها على تحقيق أعلى معدلات للأداء.

وتسعى كل أنظمة التعويض إلى التفرقة بين التعويض الخاص بالموظف الذي يؤدي أداءً عادياً والموظف الذي يؤدي أداءً بارزاً وفعالاً، وفي هذا الصدد أظهرت دراسات أجريت في مجال الإنتاجية أن الموظفين ترتفع وتزيد مجهوداتهم من 15 إلى 35% عندما تقوم المنظمات بتطبيق برنامج تعويض قائم على الأداء Pay-For-Performance Program.

* الجانب القيمي التحفيزي للأجور The Motivating Value of Compensation:

تأخذ الأجور تأثيراً مباشراً ليس فقط على مستوى معيشتهم ولكن أيضاً على تقدير مكانتهم سواء داخل أو خارج الوظيفة. ولأن أجر أو راتب الموظف يمثل مكافأة يتلقاها مقابل إسهاماته فهو يعتبر جوهرياً وفقاً لنظرية المساواة والعدالة.

والأجر أو الراتب يجب أن يكون مساوٍ للإسهامات التي يؤديها الموظف، كذلك من الجوهري أن يكون راتب الموظف مساوٍ لما يتلقاه الموظفين الآخرين مقابل

116

إسهاماتهم، إن الحجم النسبي لما يتلقاه الموظف في مقابل ما يتلقاه الآخرين على إسهاماتهم يمكن أن يكون له تأثيراً قوياً على أداء الأفراد ورضاهم الوظيفي.

* المساواة والعدالة Pay Equity:

تعرف المساواة equity على أنها شيء له قيمة تكتسب من خلال الاستثمار في شيء ما ذا قيمة. إن نظرية المساواة EquityTheory والتي يشتق منها مساواة الأجر PayEquity هـي نظريـة دافعيـة Motivation Theory توضح وتشرح كيفية استجابة الموظفين للمواقف التي يشعرون أنهم أعطوا أكثر من/ أو أقل مما يستحقون. إن الأفراد يقومون بعمل مقارنات بالإضافة للـدور الـذي يلعبـه تصـورهم، حيث ترى هذه النظرية إن الأفراد يشكلون قيمة نسبية خاصة بمدخلاتهم (قـدرات - مهـارات - خبرات) في موقف معين مقابل المخرجات (المرتب - الفوائد) في هذا الموقف، ثم يقارنون هذه القيمة النسبية بالقيمة النسبية لمدخلات ومخرجات أفراد آخرين في وظائف مشابهة سـواء داخـل أو خـارج المنظمة فإذا كانت القيمة النسبية لهم تساوي القيمة النسبية للآخرين فإنهم يتفهمـون الموقـف عـلى أنه مساو وعندها لا يوجد توتر، وعلى النقيض من ذلك إذا اعتبر الأفراد القيمة النسبية لمـدخلاتهم ومخرجاتهم غير متكافئة مع القيمة النسبية للآخرين، فإن ذلك يـؤدي إلى وجـود تـوتر ويـدفعهم إلى القضاء على أو تقليل عدم المساواة هذه، وغالباً ما تكون قوة الدافعية لديهم متناسبة مع عظم عـدم المساواة، ولذلك يجب على المديرين أن يطوروا الممارسات الاستراتيجية للأجور لتكون متساوية داخليـاً وخارجياً. وسياسات التعويض تكون متساوية داخلياً Internally عندما يعتقد الموظفـون أن معـدلات الأجور الخاصة بوظائفهم تتناسب مع قيمـة الوظيفة بالنسبة للمنظمة، أما مفهـوم الموظفون عـن مساواة الأجر الخارجي External فتتحقق عندما تقدم المنظمة أجوراً مساوية نسبياً لتلك التي يتلقاهـا الموظفون في أنماط مشابهة من الوظائف.

* سياسة الأجور بالمنظمة Employer's Compensation Policy:

لكل منظمة أو شركة نظامها الخاص بها – الأجور والتي تؤثر على العائد الذي يتلقاه الموظفون، وكحد أدنى فالشركات يجب أن تضع سياسات أجور تعكس:

- العلاقة الداخلية للأجور بين الوظائف ومستويات المهارات.
- المنافسة الخارجية أو مكانة ما تدفعه الشركة للموظفين بالقياس مع ما تدفعه الشركات الأخرى المنافسة.
- سياسة تعويض الموظف على الأداء.
- القرارات الإدارية المتعلقة بعناصر نظام التعويض مثل مكافآت الوقت الإضافي والحوافز القصيرة والبعيدة المدى الفردية والجماعية.

* القيمة الوظيفية Worth Of Job:

عادة ما تبني المنظمات التي ليس لديها برنامج أجور رسمي قيمة الوظيفة على أساس الآراء الشخصية للأفراد الذين هم على علاقة بتلك الوظائف على سبيل المثال، معدلات الأجور ربما تتأثر بشكل كبير بسوق العمل، وفي حالة الشركات المتحدة تتأثر بالصفقات الجماعية، أما المنظمات التي لها برامج أجور رسمية فإنها تعتمد بصورة أكثر احتمالاً على نظام تقييم الوظيفة Jobevaluation للمساعدة في تحديد معدلات الأجور، وحتى عندما تكون الأجور عرضة للصفقات الجماعية فإن تقييم الوظيفة يمكن أن يساعد المنظمة في الحفاظ على درجة ما من السيطرة على هيكل الأجور لديها.

* القيمة النسبية للموظف Employee's Relative Worth:

في الوظائف التي تعتمد على الساعات أو الرواتب يمكن تقدير أداء الموظف ومكافأته عليه من خلال الترقية ومن خلال العديد من أنظمة الحوافز، كما أن الأداء المتميز يمكن أيضاً مكافأته عن طريق تقديم زيادات في الأجور، وإذا كان من المخطط

أن تكون لهذه الزيادات قيمة، فيجب أن تصمم عن طريق نظام تقييم أداء فعال يمكن أن يفرق بـين الموظفين الذين يستحقون الزيادة وأولئك الذين لا يستحقون، كما أن هذا النظام يجب أن يقدم علاقة مقبولة وواضحة بين الأداء وأي علاوات أو زيادات في الأجور.

* قدرة صاحب العمل وإمكانات المنظمة :Employer's Ability to Pay

تلعب قدرة المنظمة المالية وإمكاناتها المتاحة دوراً كبيراً في تحديد مستويات الأجور، فالمنظمـة ذات المركز الريادي في السوق والتي تحقق نسبة عالية من المبيعات والأربـاح تكون أقـدر عـلى دفع معدلات أجور عالية مقارنة بمثيلاتها التي ترتفع فيها التكاليف وتنخفض إنتاجيتها فيتأثر ربحها مـما يفقدها القدرة على إشباع حاجات موظفيها من المزيج المتكامل للأجور.

* المعدلات السائدة للأجور :Area Wage Rates

يتأثر هيكل الأجور بمعدلات الأجور السائدة في السوق بالنسبة لمختلف الوظائف بصفة عامـة، كما يتأثر بشكل خاص بظروف عرض وطلب الوظائف في كل تخصص، فعنـدما يتميـز تخصص معـين بالندرة، فإن معدلات الأجور الخاصة به تميل إلى الارتفاع وعكس ذلك صحيح عند زيادة المعروض منه.

* تحديد الأجور:

لكي تتمكن المنظمات من وضع هيكل للأجور بها فإنها تقوم بدراسة مجموعة من العوامل وتمر بعدة مراحل تبدأ بتحليل الوظائف وتقييمها، ثم تتدرج في دراساتها

بالاستقصاءات والمسوح الميدانية الخارجية والداخلية ويقودها ذلك لوضع هيكل الأجور مع القواعد والأسس اللازمة لإدارة هذا الهيكل ويوضح الشكل التالي هذه الخطوات.

خطوات تحديد الأجور وإعلانه

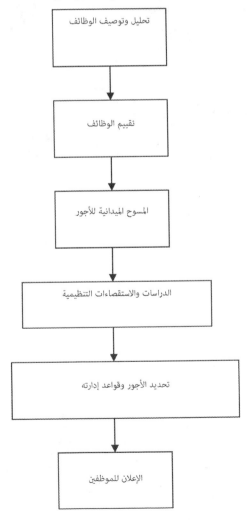

* خصائص نظام الأجور الفعال:

1. أن يكون نظام الأجور واضحاً للعاملين، وهذا يقتضي أن يتسم بالبساطة وسهولة الفهم لمن يديره ولمن يطبقه ويستفيد منه.

2. أن يرتبط نظام الأجور بشكل مباشر بالإنتاجية ومدى التقدم والنمو في أعمال المنظمة والنتائج التي تحققها.

3. أن يكون نظام الأجور تنافسياً، وهذا بدوره يتطلب دراسة نظم الأجور السائدة في السوق والصناعة والمنظمات الأخرى المنافسة.

4. أن يتسم بالسرعة: فيتم دفع الأجور والمكافآت بالسرعة المناسبة لتحقيق الأعمال، أو مع الفترة الزمنية المحددة والمتفق عليها.

5. أن يستند إلى مجموعة من المعايير العادلة والمحفزة على العمل والالتزام والإنتاج وأن تتضمن هذه المعايير الاستقرار والحماية من التغيرات المستمرة.

6. أن تكون هناك متابعة ومراجعة دقيقة للالتزام بالنظام الموضوع للأجور بحيث تراعي الانحرافات ويتخذ بالنسبة لها الإجراءات الصحيحة أولاً بأول.

* تقييم الوظائف:

تضم المنظمة مجموعات مختلفة من الوظائف تتراوح في درجات الأهمية والمساهمة في تحقيق أهداف العمل، ولذا وجب تحديد قيمة كل وظيفة أو مجموعة من الوظائف بالنسبة للوظائف والمجموعات الأخرى. وبالتالي تعطي الأجور المناسبة للوظائف حسب ترتيبها في درجات الأهمية، ومن هنا كان تقييم الوظائف من أهم سياسات الموارد البشرية.

مفهوم وأهمية تقييم الوظائف:

تشير عملية تقييم الوظائف إلى تحديد الأهمية النسبية للوظائف المختلفة، ووضع هيكل لهذه الوظائف حسب ترتيبها وقيمتها.

وتعتبر عملية تقييم الوظائف على جانب كبير من الأهمية للأسباب الآتية:

1. اهتمام المنظمة بتوجيه الأجور العالية للوظائف التي تسهم في تحقيق أهدافها.
2. العدالة في تحديد الأجور وفي أسس حساباتها.
3. المساعدة في بناء هيكل وظيفي متكامل.
4. المساهمة في الوصول إلى أهداف المنظمة.

طرق تقييم الوظائف:

يمكن تقييم الوظائف غالباً بواحد أو أكثر من أربعة أساليب أو طرق التقييم تعتبر هـي أكثر الطرق شيوعاً، وهي:

أولاً: طريقة الترتيب البسيط.
ثانياً: طريقة التدرج.
ثالثاً: طريقة التقييم بالنقط.
رابعاً: طريقة العوامل المقارنة.

* مفهوم تقييم الوظائف، الأهمية والأهداف
Job Evaluation Concepts, Importance & Objectives

مفهوم تقييم الوظائف Job Evaluation Concept:

يقصد بتقييم الوظائف تحديد أهمية الوظائف قياساً بالوظائف الأخرى في المنظمة، ويتم ذلك من خلال عملية تحليل الوظيفة حيث تستخدم المعلومات والبيانات

المستحصلة من عملية الوظائف لتحديد قيمة كل وظيفة في المنظمة قياساً بالوظائف الأخرى، ويتم ترتيب هذه الوظائف المختلفة ووضعها في سلم يعكس قيمته وأهمية كل منها.

كما يُقصد بتقييم الوظائف هو: (العملية التي سيتم بمقتضاها مقارنة الوظائف بعضها ببعض من أجل تحديد الأجر العادل لكل وظيفة على ضوء عدة اعتبارات أبرزها المهارة والمسؤولية والجهد الفكري والفعلي وظروف العمل).

وبسبب الطبيعة المختلفة للوظائف يُفضل عند البدء بعملية تقييم الوظائف توزيع الوظائف إلى مجموعات متشابهة وإجراء التقييم على أساس المجموعة، إذ من الصعب جداً وضع تصنيف معياري لكل الوظائف.

هذا يعني بأن وظائف الإنتاج والعمل اليدوي متشابهة بشكل منفصل مما يسمح بتحديد الأجر أو الراتب ضمن الفئات، ويتطلب تحديد ما يتقاضاه الفرد العامل في المنظمة من أجور وميزات مالية أخرى، تطبيق سياسة موضوعية تعتمد أساساً على تطبيق ما يسمى بنظام تقييم الوظائف. وفي عملية تقييم الوظائف يتم التركيز على المدخلات المطلوبة من الأفراد العاملين كالمهارات والجهود والمسؤولية التي تؤدي إلى حدٍ من الآراء ويتم قياس هذه المدخلات لكل وظيفة ومن ثم تحديد ما تستحقه الوظيفة من عوائد نقدية.

أهمية عملية تقييم الوظائف Importance Of Job Evaluation:

إن عملية تقييم الوظائف هي عملية فنية معقدة ومكلفة، خاصة لمنظمة كبيرة قد يصل عدد الوظائف فيها إلى المئات فهي ستحتاج أن تُحدد قيمة كل واحدة من هذه الوظائف. لذلك تُنفذ المنظمة عدداً محدوداً من المرات، فقد تُجريها عندما تقرر وضع نظام الأجور لضمان أن يُعد وفق أسس علمية.

وقد تجريها مرة ثانية بعد فترة طويلة وعندما تحصل تغييرات جذرية في الوظائف تستدعي تغييرات جذرية في نظام الأجور. والعملية تحقق للمنظمة مجموعة فوائد تجعل الاستثمار فيها مجدياً، ومن تلك الفوائد:

1. **توفير العدالة والوضوح لنظام الأجور**: تسمح عملية تقييم الوظائف باعتماد أسس عادلة وواضحة لتحديد الأجور، وبالتالي تساعد في جعل النظام عادلاً وواضحاً، لأنها تجعل الاختلافات نتيجة الاختلافات في تعقيد الوظائف ومؤهلات من يشغلونها وأهميتها لنجاحها وليس لاعتبارات التقليد أو لضغط السياسي أو الممارسات الإدارية المتحيزة والمتحابية.

ولهذا، فهي تجعل الاختلافات في الأجور قابلة للتغيير، وهذه الخصائص مهمة لتوفير شرطي العدالة والوضوح والتي هي من شروط النظام السليم، وإذا كانت لمنظمة تستعين بكوادر واعية لا ترضى بالإجحاف ولا تسكت عنه، يصبح تمتع نظام الأجور لهذين الشرطين بالغ الأهمية.

2. **المساعدة في القضاء على البطالة المقنعة**: توفر عملية تقييم الوظائف وسيلة مهمة للتنبيه إلى وظائف لا تحتاجها المنظمة، ومن المحتمل أن تكون قد تحولت إلى مجرد وسيلة للتشغيل، أي إلى مصدر للبطالة (المقنعة) فعندما تقوم المنظمة بتحديد قيمة كل وظيفة لها ولنجاحها فهذا يساعد في التأثير على كل الوظائف ذات القيم الواطئة للمنظمة لكونها لا تحقق فوائد لها وهذا يساعد في شطبها من قائمة الوظائف.

3. **توفير أسس لتحديد أجور وظائف جديدة تتحدث لاحقاً**: تحتاج كل منظمة حية، بين الفترة والأخرى، استحداث وظائف جديدة، وكلما حصل تغير في البيئة أو عملها، فعلى سبيل المثال، تحتاج المنظمات التي تبدأ بحوسبة عملها إلى موظفين متخصصين في تصميم أنظمة المعلومات المختلفة التي قد تقرر حوسبتها، وهذا

يتطلب أن تستحدث وتضيف هذه الوظائف إلى قائمة الوظائف، فقد تكتشف بأنها بحاجة إلى استحداث وظيفة (مبرمج) أو محلل نظم أو مسجل بيانات... الخ. وإذا قررت شركة صناعية المباشرة بإنتاج بعض المواد الأولية التي تحتاجها، ستحتاج إلى البدء بأنشطة جديدة، وقد تحتاج إلى عاملين بوظائف جديدة. متى ما قررت استحداث أية وظيفة، تحتاج تحديد الأجر الذي تمنحه لشاغلها، ويمكن للمنظمة أن تحدد أجور هذه الوظائف الجديدة باجتهادات خاصة، مما قد يؤدي إلى تشويه نظام الأجور.

أما إذا كان لديها تقييماً للوظائف سبق وأن أجرته، يمكنها استخدام الأسس التي اعتمدت في التقييم لتحديد الأجر الذي تستحقه الوظيفة الجديدة، وهذا يساعد في تجنب تحديد أجور الوظائف الجديدة لاعتبارات غير عقلانية.

4. توفير أساس عقلاني لنظام الترقية: يساعد التقييم السليم للوظائف إلى إعطاء قيمة أعلى للوظائف الأكثر تعقيداً والتي تتطلب مؤهلات أكبر، وهذه القيم تصبح الأساس في ترتيب هذه الوظائف وبالتالي وضع نظام الترقية بطريقة عقلانية، فهي ستجعل الوظائف ذات القيمة الأكبر هي الوظائف الأعلى.

5. جعل نظام الأجور وسيلة تعريف وتحفيز: عندما يستند نظام الأجور على تقييم للوظائف فهذا يجعله وسيلة لتعريف كل شاغل وظيفة بالقسمة النسبية لكل وظيفة، وهذا يحفزه لتهيئة نفسه للوظائف ذات القيمة الأكبر، فهو يعرف العاملين بالوظائف ذات القيم الأعلى، وبالمؤهلات التي يحتاجون اكتسابها لإشغالها.

أهداف تقييم الوظائف Job Evaluation Objectives:

إن الهدف الأساسي من عملية تقييم الوظائف هو الحصول على التوافق الداخلي والخارجي في الرواتب والأجور. والمقصود بالتوافق الداخلي هو مدى هذا التوافق العدالة في الدفع، حيث أنه من المنطقي أن يكون الأجر المدفوع لرئيس قسم معين أعلى من الأجر المدفوع لمرؤوسيه فلو حصل العكس فيمكن القول بأن هناك عدم تناسق أو توافق في نظام الدفع، وفي طبيعة الحال أن الدفع يكون وفقاً لقيمة العمل نفسه فعمل رئيس القسم أكثر قيمة من عمل المرؤوس ضمن القسم (عمل إداري وعمل غير إداري). إذن فإن الأعمال ذات القيمة الأعلى تدفع لها أكثر من الأعمال ذات القيمة الأدنى. أما التوافق الخارجي فيشير إلى العلاقة المرغوب فيها والمطلوب بين هيكل الدفع في المنظمة مع الدفع في المنظمات المتماثلة سواء في الصناعة أو على مستوى الاقتصاد عموماً، فغالباً ما تسعى المنظمات لأن يكون نظام الدفع لديها لا يقل عن نسبة الدفع في المنظمات الأخرى. إن التوافق الداخلي والخارجي من الرواتب والأجور المدفوعة يؤدي إلى تحقيق رضا مشترك بين الإدارة والأفراد العاملين هذه الرغبة في الأجور العادلة، ولذلك تسعى إلى وضع وتطوير التوافق بكلا نوعيه.

من كل هذا يتضح لنا بأنه من الضروري بناء نظام لقياس وتحديد قيمة الوظائف في المنظمة وهذا النظام يتطلب تحديد المستلزمات الضرورية التالية:

1. توفير المعلومات الواضحة والواقعية عن أوصاف ومحددات الوظيفة بهدف تسهيل مهمة تحديد العوامل التي تحتويها الوظائف وقياسها.

2. تحديد الأفراد والوظائف التي من الممكن أخذها بنظر الاعتبار كوظائف أساسية (أمامية) في هذه العملية. علماً بأنه توجد أنظمة منفصلة لكل مجموعة من الأعمال الإنتاجية أو وظائف الصيانة أو الوظائف الكتابية والوظائف الإدارية العلمية والوظائف المهنية وهكذا.

126

3. تهيئة الأفراد العاملين في المنظمة لهذه العملية الحيوية وتعريفهم بالأسس المعتمدة عليها في عملية التقييم وأهداف هذه العملية.

كما تهدف أيضاً إلى تحديد هيكل أجور رسمي وثابت استناداً إلى قيمته الوظيفية بالنسبة للمنظمة. وهذا يمثّل مرجعاً يمكن الرجوع إليه عند الحاجة. وتهدف إلى إزالة الغبن الذي يصيب الموظف نتيجة لعدم ربطه فئات الوظائف بطريقة سليمة، أو بنسب تصميم الأجور بطريقة جزافية.

مسؤولية تقييم الوظائف Responsibility of job Evaluation:

إن عملية تقييم الوظائف ليست بالأمر البسيط- بل يحتاج إلى خبرات واختصاصات متنوعة- لا سيما في الوظائف المعقدة- لنضيف إلى ذلك أن ما نؤيده ونسعى إلى تحقيقه من خلال عملية التقييم هو العدالة والموضوعية وإزالة الغبن عن الموظفين في ضوء الوظائف أو المهام التي يمارسونها في المنظمة. وعليه فإن أفضل شيء هنا هو إسناد هذه المسؤولية إلى (لجنة متخصصة) ويفضل أن تضم اللجنة في عضويتها ممثلين من الإدارات المختلفة في المنظمة بما فيها إدارة الموارد البشرية وترتبط إدارياً بالمدير العام أو نائبه. وميزة هذه اللجنة إنها مؤقتة ويمكن إعادة تشكيلها كما تطلب الأمر تصنيف بعض الوظائف نتيجة التطورات الحديثة التي طرأت عليها.

على أنه يجب أن يراعي في اختيار أعضاء اللجنة بالإضافة إلى تنوع الخبرات والخلفيات إلمامهم الكامل بالوظائف التي ستقيم بالمنظمة وكونهم على علم مسبق بطرق تقييم الوظائف. وقد تستعين المنظمة في بعض الأحيان باستشارة خبير خارجي متخصص في هذا المجال وهذا شيءٌ حسن نظراً لتوفّر وتراكم الخبرة لديه إلا أننا نؤكد على ضرورة ترك اتخذ قرار التقييم لهذه اللجنة.

* أبعاد وطرق عملية تقييم الوظائف JobEvaluationMethods&Dimensions:

أبعاد عملية تقييم الوظائف Process Diamention of jobs Evaluation:

تنطوي عملية تقييم الوظائف على تحليل ودراسة كل وظيفة وذلك بالرجوع إلى الوصف الوظيفي ولمواصفات الوظائف المعتمدة لدى المنظمة والتي تساعد في النهاية على تحديد الأجر لها من خلال إجراء المقارنة والتحليل للآتي:

1. القيمة النسبية للوظيفة.

2. مستوى المهارات المطلوبة لشغل الوظيفة.

3. درجة الصعوبة والمسؤولية مقارنة بالوظائف الأخرى.

أما من حيث المسؤولية عن تقويم الوظائف فتتباين المسؤوليات، فبعض المنظمات تفضل الاستعانة بمختصين من خارج المنظمة، والبعض يميل إلى تشكيل لجان داخلية لضمان الحيادية والموضوعية. كما تفيد الدراسات حول أكثر الأساليب المستخدمة بأن ثلث الشركات التي تم مسحها تستخدم متخصصين من خارج المنظمة في وضع نظام التعويضات والأجور بينما تلجأ منشآت أخرى إلى متخصصين لتقييم وظائف الإدارة العليا.

طرق تقييم الوظائف Methods of jobs Evaluation:

لا توجد طريقة واحد ة مثلى لتقييم الوظائف بل هناك عدة طرق يمكن استخدامها لكل منها مزاياها وسلبياتها وهناك أربعة طرق رئيسية يمكن استخدامها في عملية تقييم الوظائف إلا أننا نفضّل تقسيمها إلى أسلوبين يتضمن تلك الطرق، وهما:

1. الأساليب الوصفية Descriptive Technique:

تتضمن هذه الأساليب طريقتين هما طريقة الترتيب البسيط وطريقة التصنيف أو التدريج كطرق وضعية لأن التقييم هنا يتم من خلال وصف عام لكل وظيفة، كما تستخدم هذه الأساليب طريقة اختيار عوامل محددة لتحديد الأهمية النسبية للوظائف ومقارنتها مع الوظائف الأخرى وفيما يلي شيء لكل منها:

أ. طريقة الترتيب البسيط Simple Ranking Method:

تعتبر هذه الطريقة من أبسط طرق تقييم الوظائف وأقدمها وأقلها تكلفة، وتستخدم هذه الطريقة في المنظمات الصغيرة الحجم حيث عدد الوظائف يكون فيها محدوداً مما يعين تعذّر استخدامها في المنظمات التي تكون فيها عدد الوظائف كثيرة وبموجبها يتم تقسيم أو ترتيب الوظائف تنازلياً أو تصاعدياً في مراتب حسب قيمتها حيث تعطى المرتبة الأولى للوظيفة ذات القيمة الأعلى والمرتبة الأخيرة للوظيفة ذات القيمة الأدنى، إذ يجري ترتيب الوظائف على مستوى الوحدات ثم الأقسام ثم الإدارات في المنظمة ككل. وهذه الطريقة تعتمد على حصر الوظائف المطلوب تقييمها في المنظمة ثم مراجعة الوصف الوظيفي والمواصفات الوظيفية، كل وظيفة يراد وضع تقييم لها وبالتالي تحديد المسؤول أو المسؤولين عن إجراء تقييم وتزويدهم بالوصف الوظيفي وأسماء الوظائف.

وتطلب المنظمة من هؤلاء المسؤولين بأن يقوموا بترتيب الوظائف من المرتبة الأولى وهي مرتبة الوظيفة ذات القيمة الأعلى للمنظمة ثم المرتبة الثانية والثالثة وهكذا إلى المرتبة الأخيرة، وهي مرتبة الوظيفة التي يعتبرها المسؤولين ذات القيمة الأدنى ثم يقومون بتنفيذ الترتيب في ضوء العوامل المهمة التي تؤدي في نجاح عمل أداء المنظمة، أي أنهم يعطون كل وظيفة مرتبتها في ضوء قيمتها لنجاح المنظمة. وأخيراً يجب على إدارة الموارد البشرية أن تقوم بوضع تلخيص هذه التقييمات في جدول فتحتسب لكل وظيفة متوسط ترتيبها وتستخدم هذا المتوسط كأساس لتحديد المرتبة النهائية للوظيفة وكما موضح في الجدول

رقم (12-1) الذي يُبين تحليل التقييم للوظائف وعلى الرغم من سهولة تنفيذ هذه الطريقة إلا أن هناك الكثير من السلبيات التي تنجم عن استخدام هذه الطريقة ومن سلبياتها ما يلي:

1. أن هذه الطريقة تعتمد على التقدير الشخصي للمقيمين والذي قد يكون منحازاً وغير موضوعي.
2. أنها تقيس الوظائف ككل أي تنظر إلى الوظيفة كوحدة واحدة ولا تنظر إلى العوامل التي تتضمنها الوظيفة.
3. أنها لا تستند على معايير محددة مسبقاً لقيم الوظائف للقياس على ضوئها.
4. صعوبة التمييز الدقيق بين الوظائف في المراتب المتوسطة، فحتى لو كان عدد الوظائف عشرة وظائف فقط، فقد يمكن للمقيّم أن يحدد الوظيفة أو الوظيفتين ذات القيمة الأعلى للمنظمة إلا أنه سوف يواجه صعوبة تحديد الوظائف ذات القيم في المراتب السادسة والسابعة.

ب. **طريقة التصنيف أو التدرج** Grading Or Classification Method:

تستخدم هذه الطريقة لتلافي العيوب في طريقة الترتيب البسيط، إذ تعتمد هذه الطريقة على تحديد مقياس للوظائف بشكل محدد مسبقاً ويتضمن هذا المقياس درجات مع تحديد أوصاف لهذه الدراسة ثم تصميم فئات الوظائف مثل فئة الوظائف الكتابية ثم وضع وصف لكل فئة بحيث يتم التدرج في تصميم الفئات من المستويات البسيطة إلى المستويات الأكثر تعقيداً، علماً أن كل فئة محددة تشترك في واجبات ومسؤوليات متشابهة أو متقاربة، وتتطلب هذه الطريقة تحليل جميع الوظائف ثم تصنيفها في مجموعات وتحدد بعدئذٍ الدرجات على أساس الواجبات والمسؤوليات، ثم تحدد الدرجة التي تنتمي لها كل وظيفة من الوظائف المحددة. وأخيراً يتم تحديد الحد الأدنى والأعلى لأجر كل فئة من هذه الوظائف.

والجدول الآتي يقدم لنا نموذجاً لتصنيف الوظائف إلى فئات مع تحديد مواصفات كل فئة وأمثلة للوظائف التي يمكن إدراجها بالفئة، وتمتاز هذه الطريقة في التقييم بكونها تجعل عملية المقارنة أسهل وأكثر دقة، إذ من السهل على المقيّم أن يقارن كل وظيفتين سوية، ليقول أيهما أكثر قيمة للمنظمة، كما يمكن استخدامها من قبل سائر المنظمات على اختلاف أحجامها.

ومن عيوب هذه الطريقة استمرار الاعتماد على التقدير الشخصي لعدم استخدام عناصر كمية تساعد في الوصول إلى التقييم الدقيق لتقييم الوظائف. كما أنها تصنع تعريفات عامة للدرجات وغير مفصّلة بحيث تتيح الفرصة للمقوّمين لضم وظائف عديدة ضمن الدرجة الواحدة مما سيؤدي إلى صراعات بين الفرد العامل والإدارة. ومن الملاحظ أن هذه السلبيات تؤدي إلى الوصول إلى مستويات أجور بشكل غير دقيق نظراً لعدم وجود تعريفات دقيقة للوظائف والدرجات مما يؤدي إلى التدخّل المحدود الدنيا والعليا للراتب بين كل درجة والدرجة التي تليها.

اسم الوظيفة	تقدير المقيّم (أ)	تقدير المقيّم (ب)	تقدير المقيّم (ج)	الترتيب
1. المدير العام	2	3	3	3
2. محاسب	3	2	2	2
3. محلل برامج	1	1	3	1
4. عامل ماهر	4	4	5	4
5. كاتب طابعة	5	5	4	5

التحليل التقييم للوظائف

درجة تصنيف الفئة	توصيف فئات الوظائف
1	العمل بسيط وروتيني وينجز تحت إشراف دقيق ولا يتطلب ترتيب عالي، وقليل المسؤولية مثال ذلك: تنظيم السجلات، ساعي البريد
2	عمل بسيط مع تغييرات طفيفة، والإشراف عليه عالي. يحتاج إلى تدريب ومهارة، يتطلب درجة محددة من المسؤولية. مثال ذلك: عامل صيانة، كاتب طابعة.
3	العمل معّد إلى حدٍ ما: إشراف عام، مهارات عالية، مسؤولية الموظف عن الأدوات التي بحوزته، متطلبات المبادرة والابتكار. مثال ذلك: كهربائي، عامل ماكنة.
4	العمل معقّد: مع درجة كبيرة من التغيير، الإشراف عام، مع مستوى عالي من المهارة، الموظف مسؤول عن المكائن والأمن مع درجات عالية من الإبداع والمبادرة. مثال ذلك: مخطط صيانة، عامل ماكنة ماهر متخصص.

تصنيف الوظائف إلى فئات ودرجات حسب طريقة الدرجات

2. الأساليب الكميّة Quantitative Techniques:

تتضمن هذه الأساليب أيضاً طريقتين هما طريقة مقارنة العوامل وطريقة النقط، وتعتبر هـذه الطريقتين كطرق كمية لأن التقييم يسعى لإعطاء أوزان كمية لعناصر كل وظيفة كما أنهما أكثر تفصيلاً حيث تأخذ بنظر الاعتبار عوامل مختارة للوظيفة وفي ما يلي شرح لكل منهما:

أ. طريقة مقارنة العوامل Factors Comparison:

تعتبر هذه الطريقة من الطرق الكمية والأكثر تعقيداً وتتطلب هـذه الطريقـة تهيئـة لجنـة لتقييم الوظائف لمقارنة المكونات الأساسية لكل وظيفة مع الوظائف الأخرى، حيث أن المكونـات الأساسية للوظيفة هي العوامل المشتركة لكل الوظائف. وهذه العوامل هي: المسؤولية والمهارة، الجهد العضلي، الجهد الفكري، وظروف العمل. فهي تقيّم كل وظيفة في ضوء كل عامل مـن العوامـل المهمـة لنجاح المنظمة على حدة ومقارنة الوظائف في ضوء هذه العوامل بحيث تكون النتيجة النهائيـة لهـذه المقارنة تحديد الأهمية النسبية لكل وظيفة.

ويتم اتباع الخطوات الآتية أثناء تنفيذ هذه الطريقة:

1. تحديد عـدد من الوظائـف الأساسـية، الوظائـف الدالة (KeyJobs)، والممثلة لوظائف المنظمة بعد أن يتم تعريفها بشكل جيّد، ويتم تحديد هذه الوظائف لاحتوائها على عوامل متنوعة يمكن من خلالها تقييم جميع الوظائف.

2. تحديد العوامل الأساسية العامة والمهمة في مجموعة كبيرة من الوظائف وهذه العوامل هي المسؤولية والمهارة، الجهد العضلي، الجهد الفكري، وظروف العمل.

3. ترتيب الوظائف تحت العوامل التي ذكرناها في الفقرة السابقة تبعاً لأهمية كل عامل بالنسبة لكل وظيفة من الوظائف الدالة أو الأساسية.

4. إعطاء كل عامل من عوامل التقييم قيمة نقدية (أجر) وفقاً للأهمية النسبية، ويتم جمع القيم المعطاة للعوامل لتشكيل الأجر للوظائف الدالة. وإن النسبة المخصصة لكل عامل تكون مختلفة وتعتمد على أهمية العامل ضمن الوظيفة. والجدول التالي يوضح توزيع الأجور على مكوّنات الوظائف الأساسية:

133

العوامل الأساسية	الوظائف الدالة			
	مهندس ميكانيكي	مشغل حاسوب	سكرتير	موظف
1. المسؤولية	12	10	8	5
2. المهارة	6	2	4	2
3. الجهد الفكري	6	3	2	2
4. الجهد العضلي	4	2	6	3
5. ظروف العمل	2	1	2	1
المجموع	30	18	21	13
الأجور	30	18	21	13

توزيع الأجور على عوامل المقارنة لمجموعة الوظائف الدالة

وفي عملية توزيع الأجر الحالي على العوامل لا بدَّ من مراعاة نقطتين أساسيتين هما:

أولاً: أن تكون كمية الأجر المحددة لكل عامل تعكس أهمية هذا العامل مقارنة بالعوامل الأخرى ضمن الوظيفة نفسها، فمثلاً حدد لوظيفة موظف أمن- كما في الجدول السابق دينارين لعامل المهارة ودينار واحد لعامل ظروف العمل. فهذا يعني أن عامل المهارة أكثر أهمية بمرتين من عامل ظروف العمل.

ثانياً: إن المبلغ الموزَّع والمخصص لكل عامل ضمن الوظيفة الواحدة يجب أن يعكس درجة الأهمية النسبية لذلك العامل بين مختلف الوظائف الأخرى. فمثلاً إذا كانت أهمية عامل "الجهد العضلي" بالنسبة لمهندس ميكانيكي هي ضعف الجهد العضلي بالنسبة لمشغل الحاسوب فإن هذا يعني أن يكون أجر هذا العامل الضعف.

1. وضع الوظائف الأمامية على خارطة مقارنة العوامل، حيث يتم نقل المعلومات المستخرجة في جدول توزيع الأجور على العوامل الأساسية لكل وظيفة إلى خارطة مقارنة العوامل حيث توضع الوظائف الأمامية في الأعمدة وفقاً لمقدار الأجور المحددة لكل عامل أساسي وكما موضح في الجدول التالي:

الأجور	المسؤولية	المهارة	الجهد الفكري	الجهد العضلي	ظروف العمل
8		مهندس مكائن			
7		عمل صيانة المكائن			
6.5					
6 5.5 5	المهندس عامل صيانة المكائن مشغل حاسوب		مهندس مكائن مشغل حاسوب صيانة المكائن	مهندس ميكانيكي موظف أمن	
4 3.5 3	سكرتير	سكرتير مشغل حاسوب موظف أمن	سكرتير موظف أمن مشغل حاسوب	صيانة المكائن مهندس ميكانيكي مشغل حاسوب	موظف أمن صيانة المكائن
2 1	موظف أمن		موظف أمن		مُشغل حاسوب سكرتير

الوظائف الأمامية على خارطة مقارنة العوامل

ويلاحظ من الشكل أن الوظائف المختارة موزعة بين الأعمدة الخمسة التي تمثل عوامل المقارنة وفقاً لقيمة الأجر المستحق لكل عامل، ففي خانة عامل المسؤولية نلاحظ أن وظيفة موظف أمن تأتي بمحاذاة الأجر المخصص وهو (دينارين) مما يشير إلى الأهمية النسبية لهذا العامل ومقدار الأجر الذي تعطيه المنظمة وفقاً لقيمة الأجر المستحق لكل عامل.

2. تقييم الوظائف الأخرى حيث أن عناوين الوظائف الأمامية في كل عمود تُعد بمثابة مقاييس يهتدي به لتقييم الوظائف الأخرى وذلك بوضعها ومطابقتها على المقاييس الخاصة بالعوامل في كل عمود. فمثلاً لو أردنا تحديد أجر عامل الصيانة تقوم لجنة تقييم الوظائف بمقارنة كل عامل مع العامل الأساسي الذي يقابله في الوظائف الدالة أي مع أي وظيفة أمامية أخرى على الخارطة.

وعند إكمال جميع المقارنات يمكن أن تحدد اللجنة قيمة عمل صيانة المكائن كالآتي:

المسؤولية:	5.5
المهارة:	7
الجهد الفكري:	5
الجهد العضلي:	4
ظروف العمل:	<u>3.5</u>
المجموع	25

وباستخدام نفس الإجراءات المُطبَقة لوظيفة صيانة المكائن باستطاعتنا تقييم في الوظائف في المنظمة.

ومن مزايا طريقة مقارنة العمل بأنها تكون مرنة في اختيار عوامل القيم وفق طبيعة الوظائف ومتطلبات العمل كما أن من شأن اتباعها تحديد الأهمية النسبية

للوظائف وتحديد الأجر أو الراتب لكل منها. ولكن يعاب عليها بأن ليس من سهل شرحها للعاملين نظراً لصعوبة وتعقيد الأسلوب، كما إن تصميمها يحتاج إلى خبرات متخصصة، ولا تصلح للتطبيق على الوظائف الكتابية ويقتصر استخدامها للتطبيق على الوظائف الإنتاجية والصناعية.

ب. **طريقة النقط** Methods of points:

تعتبر هذه الطريقة من أكثر الطرق شيوعاً وموضوعية في تقييم الوظائف، حيث توفر أساساً ثابتاً ومستقراً لتقييم الوظائف. فالوظائف ربما تتغير بمرور الوقت لكن مقاييس القيم المحددة في ظل هذه الطريقة تبقى مستقرة ويمكن استخدامها. وهي تشبه طريقة مقارنة العوامل من حيث استخدام بعض العوامل الأساسية المستخدمة في المقارنة بين الوظائف لكنها بدلاً من استخدام الأجور يتم استخدام النقط في عملية تقييم كل عامل. وتتطلب وجود دليل يحتوي على وصف درجات كل عنصر ـ من العناصر التي ستقارن الوظائف على أساسها مقسمة هذه الدرجات إلى نقاط. وكلما كان عدد النقاط التي تحصل عليها الوظيفة أعلى كلما كان الأجر أو الراتب المحدد لها أعلى. ويمكن أن نوضح مراحل هذه الطريقة كما يلي:

1. تحديد عوامل التقييم والتي تمثل نفس العوامل التي تم استخدامها في طريقة مقارنة العوامل ثم تجزئة تلك العوامل إلى عوامل فرعية أو تفصيلية ويتم تعريف كل منها بدقة. فمثلاً عامل المهارة (Skill) يمكن تجزئته إلى:

أ. مستوى التأهيل.

ب. التدريب والخبرة.

ج. المبادأة.

2. تحديد مستويات العوامل حيث يتم وضع مستويات عديدة لكل عامل من العوامل، وهذه المستويات تساعد المحلّلين في تقييم الدرجات المختلفة من المسؤولية والمهارة والعوامل الأساسية الأخرى.
3. تخصيص نقاط لكل عامل فرعي وفق تدرجات تعكس مدى صعوبة وتعقبات الوظيفة مما يعني ضبط أوزان العناصر المشتركة على وفق أهميتها.
4. توزيع النقاط على المستويات المحددة، عندما يتم تحديد النقاط اللازمة لكل عنصر من عناصر العمل، وتقدير قيمة كل عنصر مع تحديد أجر كل وظيفة أمامية.
5. إيجاد العلاقات بين عدد النقاط التي تحتويها كل وظيفة أمامية والأجر المدفوع لها وبذلك نحصل على مصفوفة تتضمن عدد نقاط كل عمل من الوظائف الأمامية والأجر المحدد لها. والجدول الآتي يوضح مصفوفة طريقة النقط.
6. عندما يتم الانتهاء من مصفوفة النقط التي تم تصميمها من الممكن أن تحدد القيمة المناسبة لكل وظيفة حيث يبدأ تقييم كل وظيفة عندما يتسلّ الاختصاصيين أو المستشارين وصف كل وظيفة ويقومون بمراجعة المؤهلات الضرورية لتنفيذها ثم يسجلوا عدد النقاط لكل مؤهل، ويُحتسب مجموع النقاط التي تستحقها كل وظيفة، وعليه تنتهي عملية التقييم بعدد من النقاط لكل وظيفة تمثل قيمتها، وبالتالي الأجر الذي تستحقه هذه العملية تُشبه إلى حدٍ ما وضع (سعر) لكل مؤهل تحتاجه المنظمة في ضوء أهميته النسبية لها ودرجته ثم يُستخدم هنا السعر في احتساب الراتب الذي تستحقه كل وظيفة.

وتمتاز هذه الطريقة بأنها:

1. موضوعية كونها تقوم على أساس التحليل والتفتيت للوظائف إلى جزيئات تعطي قيم تحول إلى قيم نقدية.

2. إنها طريقة مرنة في اختيار عوامل التقييم وسهلة الشرح للعاملين والمشرفين على حد سواء كما أنها أكثر دقة في التقييم.
3. وضوح وبساطة طريقتها فعندما يتم تصميم مصفوفة أو جدول النقاط لكل عنصر ودرجة يصبح بإمكان كل فرد أن يُقدّر عدد النقاط التي تستحقها وظيفته.

ومن المآخذ على هذه الطريقة هي:

1. أن هذه الطريقة ذات تكاليف عالية متمثلة بتكلفتها المادية في حالة استعانة المنظمة بالخبراء الخارجين أو كلفة الوقت الذي يتطلب لتطويرها وتنفيذها.
2. صعوبة تطبيقها في مجالات عديدة، فعلى سبيل المثال يصعب تفتيت الوظيفة إلى جزيئات بالنسبة للوظائف الخدمية.
3. لا يوجد ما يثبت أن طريقة النقط المستخدمة في تقييم الوظائف تضمن الثبات والصدق للنتائج.

العوامل الأساسية	المستويات			
	الحد الأدنى	المستوى المنخفض	مستوى متوسط	مستوى عالي
1.المسؤوليات.	500			
أ. عن الأجهزة.	5	20	50	65
ب. عن الأموال.	10	25	55	65
ج. عن سلامة الأخريين.	15	30	66	100
2. المهارة:	250			
أ. مستوى التأهيل.	10	20	30	45
ب. التعليم والتدريب.	15	25	35	70
3. الجهود:	1500			
أ. الجسدية.	5	10	15	35
ب. الفكرية.	10	15	20	40

4. ظروف العمل:	100			
أ. الظروف غير الجيدة.	5	10	15	20
ب. الظروف المصحوبة بمخاطر.	5	10	15	20

مصفوفة طريقة النقط في تقييم الوظائف

وبالرغم من اقتراح البعض من كتّاب إدارة الموارد البشرية إلى استخدام أكثر من طريقة في التقييم في آنٍ واحد مبررين ذلك بأن استخدام أكثر من معيار أو طريقة ومقارنة نتائجها وتحديد مدى التقارب يدلّ على موضوعية عملية التقييم إلاّ أن اختيار طريقة التقييم يجب أن تتم في ضوء المحددات الآتية:

1. المتطلبات والاعتبارات القانونية والاجتماعية تبعاً لاستعمال الطريقة، إذ قد يلزم القانون أو العرف الاجتماعي استخدام طريقة النقط بدلاً من غيرها.
2. الشكل التنظيمي للمنظمة: أي أن حجم المنظمة يلعب دوراً أساساً في تحديد الطريقة. ففي المنظمات الصغيرة الحجم والمحدودة الوظائف ينصح باستخدام طريقة الترتيب البسيط.
3. علاقات الإدارة بالعاملين حيث أن اتفاق الإدارة والعاملين على طريقة محددة، يجعل استخدامها بشكل أيسر أسرع. وهنا تجب الإشارة إلى أن موافقة العاملين على طريقة التقييم شرط ضروري لنجاح العملية.
4. التكلفة المتمثلة بكلفة الوقت المستغرق لعملية التقييم والمال الذي سوف يصرف على تلك العملية.

الفصل السادس
تحفيز الموارد البشرية

إن مفهوم الحفز أو التحفيز، هو إيجاد الوسائل والأساليب التي من شأنها أن ترفع بالقوى البشرية إلى مزيد من البذل والعطاء وتحسين دورتهم الإنتاجية. وهذه الأساليب تحتل مكاناً بارزاً وتلقى اهتماماً بالغاً لدى غالبية منظمات العمال وتأخذ أولوية قصوى في تفكير المدراء في المنظمات الفاعلة، وأن امتلاك أي منظمة قاعدة من القوى البشرية (المحفزة) فإنه يجعل منها قوى تنافسية تتميز على مثيلاتها في المنظمات العمالية.

ولقد بينت استطلاعات ميدانية أجريت على منظمات أمريكية أشارت إلى أن 88% من العمالين يريدون أن يعملوا بجد ويناقص طاقاتهم، وهؤلاء جميعهم من الذين حصلوا على امتيازات وحوافز أهّلتهم إلى مزيد من العمل والعطاء.

ووفقاً للدراسة التي بين أيدينا فإننا نلمس في النهاية أن أية جهود تبذلها المنظمة في هذا السياق فإنها تمنحها بالنهاية فرصة كبيرة بالحصول على قوة عمل مندفعة ومحفزة وتمتلك الشعور الكبير والعالي بالولاء والانتماء ويكون هدفها الأول منصب باتجاه تحسين الإنتاجية كماً ونوعاً.

(والحفز والتحفيز) يتم بواسطة مجموعة من الحوافز – (الوسائل والأساليب) – التي توفرها المنظمة للعاملين سواء كانت مادية أم معنوية تهدف إلى إشباع الحاجات والرغبات الإنسانية وتحقيق الغاية المطلوبة.

والحفز إذا ما تم وفق برامج وخطط مدروسة فإنها تحقق مجموعة المكاسب التالية:

1. **الاعتراف بقيمة ما ينجزه الفرد وإشباع حاجته للتفكير:** طالما أن العمل السيء سريعاً ما ينال صاحبه الجزاء الرادع من التأنيب والتوبيخ والخصم والفصل أحياناً. يجب الاعتراف بحق من بذل الجهد وأتقن الأداء وأخلص في العمل بتشجيعه وحثه على الاستمرار بما يمكنه من الإبداع والحرص على دوام التقدم والنمو.

2. **أداة للتغذية المرتدة:** يسعى معظم الأفراد إلى الوقوف على نتائج أفعالهم ورد فعل الغير تجاهها، استجابة لرغبتهم في معرفة المعلومات والبيانات عن أدائهم، وإشباعاً لغرائزهم في حب الاستطلاع.

3. **الدعم المالي:** يمثل الدعم المالي أهمية كبيرة لمعظم الأفراد فالتويض المالي يحتل مكانة كبيرة في جو العمل حتى يتمكن الأفراد من إشباع حاجاتهم المادية.

4. **تحمل المسئولية:** يعد تحمل المسئولية من العوامل البارزة ذات الأثر الكبير في إنجاز الأعمال وتحقيق الأهداف، فالالتزام عنصر جوهري من عناصر تكوين الشخصية والأفراد يبحثون عن المكانة الاجتماعية والدور الفعال، والإحساس بالفخر وكلها متغيرات لا تبدو واضحة دون تحمل المسئولية.

* أهمية الحوافز على مستوى الجماعات:

1. إثارة حماس الجماعات وتشجيع المنافسة فيما بين أفراد الجماعة: يحب الأفراد إثبات ذاتهم ومن هنا يحدث التنافس إذا ما توفرت لدى الأفراد الفرص المناسبة للمنافسة والتحدي.

2. تنمية روح المشاركة والتعاون: تؤدي الحوافز الجماعية إلى تكاتف الجماعة لتحقيق المعايير المطلوبة للحصول عليها، كما تسمح المشاركة لأفراد الجماعة في اتخاذ القرارات بتقبلهم وتفاعلهم لتنفيذها وشعورهم بالأهمية لاقتناع الإدارة بآرائهم ووجهات نظرهم.

3. تنمية المهارات فيما بين أفراد الجماعة: تشجع الحوافز الجماعية ذوي المهارات العالية من نقل هذه المهارات إلى زملائهم مما يزيد من فرص التنمية والتدريب أثناء العمل.

* أهمية الحوافز على مستوى المنظمة:

1. التكليف مع متطلبات البيئة الداخلية والخارجية: تسهم الحوافز في الاستجابة لتأثير الضغوط المحيطة بالمنظمة في النواحي الاقتصادية والاجتماعية والتكنولوجية والحكومية، مما يتطلب من المنظمة ابتكار الطرق والوسائل الحديثة لتحسين إنتاجها والحفاظ على مكانتها، هذا يستدعى بدوره الاستغلال الأمثل للموارد المادية والبشرية المتاحة.

2. التكامل والترابط بين نشاط التحفيز وأنشطة الموارد البشرية المختلفة: ومنها تخطيط الموارد البشرية، وتحليل الوظائف والاستقطاب والاختيار والتعيين، والتدريب والتنمية وتقييم الأداء والأجور، والمنافع والخدمات والترقيات و... وتؤثر هذه الأنشطة مجتمعة على النتائج المتوقعة على مستوى المنظمة.

3. تهيئة المناخ التنظيمي المناسب: تسهم الحوافز في تحقيق جو من الرضا عن العمل لدى الأفراد مما يدفعهم للحرص على المصلحة العامة والسعي لزيادة الإنتاجية وتحقيق أهداف المنظمة.

* لمحة عن الحوافز في الفكر الإسلامي:

يحث المنهج الإسلامي على تحفيز الأفراد لإنجاز الأعمال على أفضل وجه ممكن، ويعتمد ذلك على نظرية الثواب والعقاب والترغيب والترهيب، فيقول تعالى: (فمن يعمل مثقال ذرة خيراً يره ومن يعمل مثقال ذرة شراً ير) [الزلزلة: 7-8].

كما يقول سبحانه: (مَنْ جَاءَ بِالْحَسَنَةِ فَلَهُ خَيْرٌ مِنْهَا وَهُمْ مِنْ فَزَعٍ يَوْمَئِذٍ آمِنُونَ وَمَنْ جَاءَ بِالسَّيِّئَةِ فَكُبَّتْ وُجُوهُهُمْ فِي النَّارِ هَلْ تُجْزَوْنَ إِلَّا مَا كُنْتُمْ تَعْمَلُونَ) [النمل: 89-90].

ويقص لنا القرآن الكريم قصة فرعون وموسى فيقول تعالى: (فَلَمَّا جَاءَ السَّحَرَةُ قَالُوا لِفِرْعَوْنَ أَئِنَّ لَنَا لَأَجْرًا إِنْ كُنَّا نَحْنُ الْغَالِبِينَ ، قَالَ نَعَمْ وَإِنَّكُمْ إِذًا لَمِنَ الْمُقَرَّبِينَ) [الشعراء: 41-42] حيث وعد فرعون السحرة بالأجر وإدخالهم في خاصته إن هم انتصروا على موسى تشجيعاً لهم البذل غاية جهدهم، ولكن عندما اتضح لهم الحق آمنوا بالله، وهذا دليل على أن المال وغيره من متاع الدنيا لا يجدي إذا كان مخالفاً للعقيدة، واتضح أن هناك حافزاً غير مادي تأثيره أقوى.

ولقد سأل أحد الصحابة الرسول صلى الله عليه وسلم يوم أحد عن مكانه إن هو قتل في سبيل الله فأخبره الرسول بأن مكانه "في الجنة" فألقى الرجل بتمرات كانت في يده ثم قاتل حتى قتل.

واستخدم الرسول صلى الله عليه وسلم الحوافز في جميع مجالات الحياة وفي مختلف الظروف استنارة لهم الأفراد لحسن الأداء وإتقانه والفوز في الدنيا والآخرة، فيقول النبي صلى الله عليه وسلم: (**من أحيا أرضاً ميتة فهي له**) وهذا تحفيزاً لاستصلاح الأراضي وزراعتها كما تراه يحفز المحاربين فيقول: (**من قتل قتيلاً فله سلبة**) وهذا تحفيزاً للجنود على الثبات والإقدام وتحقيق النصر.

يقول سيدنا علي بن أبي طالب كرم الله وجهه في خطاب وجهه إلى أحد الولاة: "**لا يكونن المحسن والمسيء عندك بمنزلة سواء، فإن في ذلك تزهيداً لأهل الإحسان في الإحسان، وتدريباً لأهل الإساءة إلى الإساءة وألزم كلاً منهم ما ألزم نفسه**". كما يقول عمر بن الخطاب رضي الله عنه بعد توليه الخلافة: "... فمن يحسن نزده ومن يسيء نعاقبه".

إن عملية التحفيز لا بد لها من العدل والإنصاف فيقول تعالى في قصة ذي القرنين: (قَالَ أَمَّا مَنْ ظَلَمَ فَسَوْفَ نُعَذِّبُهُ ثُمَّ يُرَدُّ إِلَى رَبِّهِ فَيُعَذِّبُهُ عَذَابًا نُكْرًا ، وَأَمَّا مَنْ آمَنَ وَعَمِلَ صَالِحًا فَلَهُ جَزَاءً الْحُسْنَى وَسَنَقُولُ لَهُ مِنْ أَمْرِنَا يُسْرًا) [الكهف: 87-88] ويقول سيد قطب: "وحين يجد المحسن في الجماعة جزاء إحسانه جزاء حسنا، ومكاناً كريماً وعوناً وتيسيراً، ويجد المعتدى جزاء إفساده عقوبة وإهانة وجفوة عندئذ يجد الناس ما يحفزهم إلى الصلاح والإنتاج".

وهكذا يمكن القول أن أهم أسس الحوافز في الفكر الإسلامي تتمثل فيما يلي:

1. إن الرزق من عند الله، تكفل الله سبحانه وتعالى بالرزق فيقول تعالى: (وَمَا مِنْ دَابَّةٍ فِي الْأَرْضِ إِلَّا عَلَى اللَّهِ رِزْقُهَا وَيَعْلَمُ مُسْتَقَرَّهَا وَمُسْتَوْدَعَهَا كُلٌّ فِي كِتَابٍ مُبِينٍ) [هود: 6] وما على الإنسان إلا الأخذ بالأسباب والتحرك والتنقل والتفاعل مع أمور الحياة واستخدام الفكر لاختيار الطرق والبدائل الأفضل بالنسبة له.
2. إن الحافز الإلهي أساس لغرس القيم الفاضلة في النفوس: فالله يدعو إلى الخير (صِبْغَةَ اللَّهِ وَمَنْ أَحْسَنُ مِنَ اللَّهِ صِبْغَةً) [البقرة: 138] ومن ثم فهو يعد الذين يفعلون الخير ثواباً كبيراً، والذين يفعلون الشر عذاباً عظيماً، (فَمَنْ يَعْمَلْ مِثْقَالَ ذَرَّةٍ خَيْرًا يَرَهُ ، وَمَنْيَعْمَلْ مِثْقَالَ ذَرَّةٍ شَرًّا يَرَهُ) [الزلزلة: 8].
3. إن الثواب الذي يمن الله به على عباده والعقاب الذي يرصده للمخالف منهم يعطي للحياة معنى ويوفر لهم الانضباط والجدية: (وَمَنْ أَحْسَنُ قَوْلًا مِمَّنْ دَعَا إِلَى اللَّهِ وَعَمِلَ صَالِحًا وَقَالَ إِنَّنِي مِنَ الْمُسْلِمِينَ) [فصلت: 33].
4. يجمع الإسلام بين الجانبين المادي والروحي ويجري بينهما توازناً محكماً: (وَابْتَغِ فِيمَا آتَاكَ اللَّهُ الدَّارَ الْآخِرَةَ وَلَا تَنْسَ نَصِيبَكَ مِنَ الدُّنْيَا وَأَحْسِنْ كَمَا أَحْسَنَ اللَّهُ إِلَيْكَ وَلَا تَبْغِ الْفَسَادَ فِي الْأَرْضِ إِنَّ اللَّهَ لَا يُحِبُّ الْمُفْسِدِينَ) [القصص: 77].

5. إن الجزاء الذي يضعه الله جل شأنه يفرق بين من يعمل ومن لا يعمل وبين الذين يعملون الصالحات والذين يقترفون السيئات (إِنَّ الَّذِينَ آمَنُوا وَعَمِلُوا الصَّالِحَاتِ إِنَّا لَا نُضِيعُ أَجْرَ مَنْ أَحْسَنَ عَمَلًا) [الكهف: 30]، (قُلْ لَا يَسْتَوِي الْخَبِيثُ وَالطَّيِّبُ) [المائدة: 100]، (مَنْ عَمِلَ سَيِّئَةً فَلَا يُجْزَى إِلَّا مِثْلَهَا وَمَنْ عَمِلَ صَالِحًا مِنْ ذَكَرٍ أَوْ أُنْثَى وَهُوَ مُؤْمِنٌ فَأُولَئِكَ يَدْخُلُونَ الْجَنَّةَ يُرْزَقُونَ فِيهَا بِغَيْرِ حِسَابٍ) [غافر: 40].

* قواعد وخصائص نظام الحوافز الفعال:

يبنى نظام الحوافز على عدة قواعد يجب الاهتمام بتأسيسها حتى يحقق النظام فعاليته المنشودة، هذا ويجب أن يتسم ذلك النظام بالعديد من الخصائص والمقومات التي تضمن له النجاح، وفيما يلي نعرض لهذه القواعد وتلك الخصائص على النحو التالي:

قواعد نظام الحوافز:

يبنى نظام الحوافز على عدد من القواعد يوضحها الشكل الآتي، ومن ثم تتمثل أهم القواعد التي يجب أخذها في الاعتبار عند تحديد نظام الحوافز فيما يلي:

قواعد نظام الحوافز الفعال

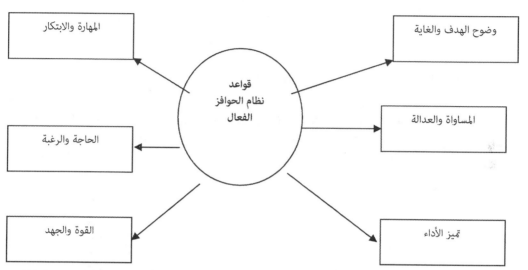

. **وضوح الهدف والغاية:** يجب أن يحدد بوضوح الهدف من نظام الحوافز على المدى القصير وكذلك على المدى البعيد، بحيث تسعى جميع الأطراف (الفرد - الجماعة - المنظمة) إلى تحقيقه.

2. **المساواة والعدالة:** يجب أن يتسم نظام الحوافز بالعدالة ومن ثم فلكل فرد الحق أن يتقاضى نصيب متساوي من الحوافز ما دام قد التزم بالأسس والمعايير المحددة، ويمثل اتفاق المساهمين على تقسيم أرباح الشركة بالتساوي بينهم حسب عدد الأسهم صورة لهذه القاعدة. حيث يحصل كل منهم على حصة متساوية من الأرباح.

3. **تميز الأداء:** يعد تميز الأداء من أهم القواعد الحاكمة لمنح الحوافز، إذا يجب أن تزيد كمية الأداء وجودته أو تنخفض تكلفة الإنتاج أو وقته... حتى يتم حساب الحوافز.

4. **القوة والمجهود:** يتم توزيع الحوافز وفق قدرة كل شخص أو جماعة على انتزاع جـزء مـن مجمـوع الحوافز ومع مراعاة أن الحوافز تمنح في الغالب على النتائج إلا أن الحال في بعـض الأحيـان يفـرض الأخذ بالوسائل والأسباب والمجهود المبذول.

5. **الحاجة والرغبة:** يتم توزيع الحوافز على الأفراد وفق حاجاتهم ورغباتهم وكلما زادت حاجـة الفـرد للحوافز زادت حصته، فالأفراد في بداية حياتهم الوظيفية تزداد أهمية الحوافز المادية بالنسبة لهم، في حين تزداد أهمية الحوافز المعنوية للأفراد في المستويات الإدارية.

6. **المهارة والابتكار:** تهتم بعض المنظمات بتخصيص حوافز للأفراد الذين يحصلون على شـهادات أعـلى أو براءات اختراع أو دورات تدريبية أو الذين يقـدمون أفكـاراً وحلـولاً ابتكاريـة لمشكلات العمـل والإدارة.

خصائص نظام الحوافز الفعال:

يجب أن يتسم نظام الحوافز ببعض الخصائص من أهمها:

1. **القابلية للقياس:** يجب أن تترجم السلوكيات والتصرفات والإنجاز الذي سيتم تحفيزه في شكل يمكـن تقديره وقياس أبعاده.

2. **إمكانية التطبيق:** ويشير هذا إلى تحري الواقعية والموضوعية عند تحديد معايير الحوافز بلا مبالغـة في تقدير الكميات أو الأوقات أو الأرقام...

3. **الوضوح والبساطة:** لا بد من وضوح نظام الحوافز وإمكانية فهمـه واستيعاب أسـلوبه والاسـتفادة منه وذلك من حيث إجراءات تطبيقه وحسابه.

4. **التحفيز:** يجب أن يتسم نظام الحوافز بإثارة همم الأفراد وحثهم على العمل والتأثير على دوافعهـم لزيادة إقبالهم على تعديل السلوك وتدقيق الأداء المنشود.

5. **المشاركة:** يفضل أن يشارك العاملين في وضع نظام الحوافز الذي سيطبق عليهم بمـا يـؤدي لتثبيـتهم وتحمسهم، وزيادة اقتناعهم به والدفاع عنه.

6. **تحديد معدلات الأداء:** يعتمد نظام الحوافز بصورة جوهرية على وجود معدلات محددة وواضحة وموضوعية للأداء، ويجب أن يشعر الأفراد بأن مجهوداتهم تؤدي للحصول على الحوافز من خلال تحقيقهم لتلك المعدلات.

7. **القبول:** يتسم النظام الفعال للحوافز بقبوله من جانب الأفراد المستفيدين منه، وإلا فقد أهميته وتأثيره لتحقيق أهدافه المنشودة.

8. **الملاءمة:** تفقد الحوافز أهميتها إذا حصل جميع العاملين على نفس المقدار منها، إذ يجب أن تعتمد في مداخلها وطرقها على مراعاة الاختلافات في المستويات الإدارية والأعمار السنية؟، والحاجات الإنسانية والكميات والأرقام والجودة و... غيرها من معايير تحديد مقدار الحوافز.

9. **المرونة:** يجب أن يتسم نظام الحوافز بالاستقرار والانتظام، إلا أن ذلك لا ينفي إمكانية تطويره أو تعديل بعض معاييره إذا استدعى الأمر ذلك.

10. **الجدوى التنظيمية:** يجب أن يكون للنظام منفعة للمنظمة في شكل زيادة إيراداتها وأرباحها أو نتائج أعمالها، ويتم ذلك بمقارنة نتائج أعمال المنظمة قبل وبعد النظام.

11. **التوقيت المناسب:** تتعلق فعالية تقديم الحوافز بالتوقيت، فالثواب الذي يتبع السلوك بسرعة أفضل من ذلك الذي يتم بعد فترة طويلة من حدوث الفعل والتصرف.

* تأثير الحوافز على الأداء:

يعتقد الكثيرون في تأثير الحوافز على أداء الأفراد بالمنظمات، ويتضح ذلك من دراسة دور الحوافز في تخفيض معدل دوران العمل، والحد من الغياب، والمساهمة في جذب العناصر الفعالة للالتحاق بالمنظمة، كذلك دورها في إشباع الحاجات، وأهميتها في تعلم أنماط جديدة في السلوك. ويوضح الشكل التالي العلاقة بين الحوافز والأداء.

يجب أن يتم الربط مباشرة بين الحوافز والمكافآت والسلوك والأداء، فالدفع على أساس العمولة يجعل الارتباط بين الدخل وكمية المبيعات واضحاً، فكلما زادت المبيعات التي يحققها رجل البيع زاد دخله، وفي حالات أخرى تحاول المنظمات ربط قرارات الترقية بالأداء، وعلى ذلك يؤدي الموظف عمله بمستوى متميز للحصول على الترقية.

العلاقة بين الحوافز والأداء

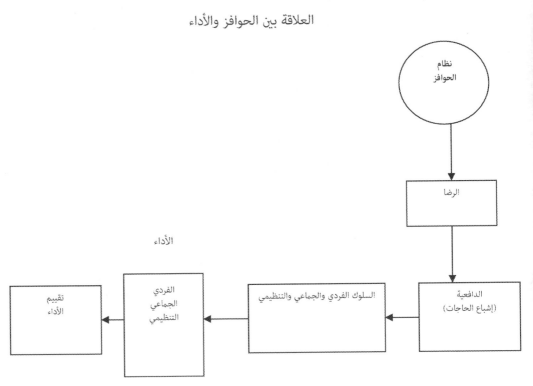

وحتى يمكن للحوافز أن تؤثر على الأداء بشكل فعال، فإنه يجب مراعاة العديد من المبادئ والأسس من بينها: المساواة، والقوة، ونوع الحاجة، وعدالة التوزيع. ويمكن القول أن الحوافز تؤثر داخلياً وخارجياً في أعمال وأنشطة المنظمة، ويتجلى ذلك من استقراء دورها في:

- جذب العمالة الماهرة واستقطابها للعمل بالمنظمة.
- الأداء الفعال لمهام الوظيفة، إذ تعمل العديد من المنظمات على ربط المكافأة بصورة مباشرة بالسلوك والأداء.
- الحد من الغياب والتأخر عن مواعيد العمل.
- الاحتفاظ بالعاملين المهرة.

* مداخل تقسيم الحوافز:

تتعدد المداخل التي يمكن اتباعها لتصنيف الحوافز التي تمنحها المنظمات للعاملين بها، ومن بين تلك التصنيفات:

- الحوافز المادية والحوافز المعنوية.
- الحوافز الفردية والحوافز الجماعية.
- الحوافز المباشرة وغير المباشرة.
- الحوافز النقدية والحوافز غير النقدية.
- الحوافز التقليدية والحوافز الابتكارية.
- الحوافز الإيجابية والحوافز السلبية.

وعادة تستخدم المنظمة أكثر من نوع من الحوافز ويختلف ذلك بالنسبة للفرد الواحد حسب تدرجه الوظيفي ومدة عمله ومكانته ومستواه الإداري، وتؤثر أيضاً إمكانات المنظمة وفلسفتها في نوع الحافز الممنوح، وتبقى المسئولية على إدارة المنظمة لاختيار تصنيفات الحوافز المناسبة.

وتشير **الحوافز المادية** إلى كل ما تمنحه المنظمة للعاملين بها من أجر أساسي أو راتب أو مكافآت تشجيعية أو علاوات دورية أو استثنائية أو عمولات أو ترقيات أو اشتراك في الأرباح أو ما شابه ذلك بما يضمن للعاملين مستوى مناسب من العيش

151

ومقابلة الأعباء المادية للحياة. أما **الحوافز المعنوية**: وهي لا تقل أهمية وتأثيراً في حفز همم الأفراد –
فتمثل ما تبذله المنظمة مـن جهـود لسعادة العاملين بها وإشعارهم بالأهمية والمكانة والانتماء
وإحساسهم بالتقدير واحترام آرائهم ومقترحاتهم، ولذا فهي تقدم لهم أنواط الجـدارة وأوسمة النجاح
وشهادات التقدير وتحتفل بهم وتنشر أسماؤهم وتصور حفلاتهم... وهكذا.

وتمثل **الحوافز الفردية**: ما تقدمه المنظمة من حوافز للأفراد العاملين بها، بصورة تعتمـد عـلى
الأداء الفردي بصرف النظر عن النتائج التي حققوها كجماعة، أما الحوافز الجماعية: فتهتم بجماعة
العمل لتحقيق الارتباط والانسجام والتوافق الجماعي وتنمية الشعور الجماعي بالمسئولية وسنناقش
تفصيلاً طرق منح الحوافز الفردية والجماعية.

و**الحوافز المباشرة**: تؤثر على الأفراد بصورة مباشرة عند استجابتهم لزيادة الإنتاج وتحقيق
التفوق، وذلك عن طريق ربط الأجر بالإنتاج ومنح المكافآت والعمولات وغيرها مـن الحوافز المادية
والمعنوية، في حين نجد أن الحوافز غير المباشرة تتضمن مجموعة الخدمات والامتيازات التـي تقـدمها
المنظمة بصورة غير مباشرة للعاملين بها كتقديم الخدمات الاجتماعية بصورها المختلفـة، وبـذلك نجـد
أنها تمس مصالح الأفراد بصورة غير مباشرة.

ويمكن تقسيم الحوافز أيضاً إلى حوافز نقدية وحوافز غيـر نقدية، تمثـل **الحوافـز النقدية** مـا
تقدمه المنظمة للعاملين بها في صورة نقدية فقط كالمكافآت والعمولات والدفع لقاء المعرفة والمهارة
والمشاركة في الأرباح... وغيرها أما **الحوافز غير النقدية** فهي التي تتمثل في السياسات واللوائح التي
تقرها المنظمة لحفز العاملين كالمشاركة في البرامج وإعادة تصميم العمل، والنقل والترقيـة ومواعيـد
العمل والمشاركة في الملكية... وغيرها.

والحوافز التقليدية تشير إلى ما تعارف عليه من طريق تحفيزية في وقت ما، أما الحوافز الابتكارية فتمثل ما تضيفه المنظمات الرائدة باستمرار من أساليب لحفز العاملين بها ودعوتهم بصورة دائمة لابتكار الطرق والفنون التي تدعم نمو المنظمة وبقائها.

وتُمنح **الحوافز الإيجابية** للأفراد والجماعات في صورة إثابة عن العمل بما يحقق مزايا مادية أو معنوية فردية أو جماعية، في حين تمثل الحوافز السلبية أسلوباً للتهديد والتخويف إذ تحدد العقاب الذي يلحق بالأفراد نتيجة عدم التزامهم بالحدود المبينة في العمل والسلوك والتصرف، كما تؤمن الحقوق من خلال ردع الأفراد وإبعادهم عن الإهمال والتهاون والإخلال بالواجبات. وفيما يلي نتناول بشيء من التفصيل طرق الحوافز الفردية والحوافز الجماعية، النقدية وغير النقدية، كما يوضحها الشكل التالي.

أنواع الحوافز

الحوافز الفردية – حوافز نقدية:
- الأجور
- الأجور بالقطعة
- المكافآت
- العلاوات
- حوافز الأفراد المهنيين
- حوافز المعارف والمهارات

الحوافز الفردية – حوافز غير نقدية:
- المديح والثناء
- تفويض السلطات
- الترقية
- إعادة تصميم العمل

الحوافز الجماعية – حوافز نقدية:
- المشاركة في الأرباح
- خطط تخطيط التكاليف
- تملك أسهم المنظمة

الحوافز الجماعية – حوافز غير نقدية:
- المزايا الإضافية
- إعادة تصميم العمل

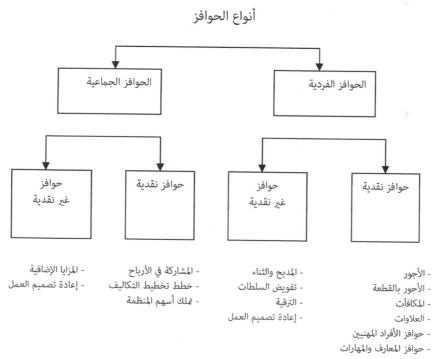

* أولاً: الحوافز الفردية:

تتعدد أنواع الحوافز الفردية، ويمكن استعراض أهمها على النحو التالي:

أ. الحوافز الفردية النقدية:

1. الأجور والرواتب:

الأجر هو المقابل النقدي المباشر والمحدد الذي يحصل عليه الفرد لقاء عمله مدة زمنية محددة. ويمثل الأجر الكيان الأساسي للحوافز في معظم الوظائف في غالبية المجتمعات مع تسليمنا باختلاف أنظمته وطرق تقديره من منظمة لأخرى وفي نفس المنظمة من قطاع لآخر، ويقدر الأجر بناء على طبيعة العمل المؤدي وأهميته وطبيعة سوق العمالة، ومدى حداثة أو أقدمية من يستحقه، والقواعد القانونية واللوائح التي تنظمه.

وتبدو أهمية الأجر كأحد أنواع الحوافز الهامة لتأثيره على كثير من أنواع الحوافز الأخرى كالعلاوات والمكافآت والبدلات وما إليها، هذا إلى جانب دوره الأساسي في إشباع حاجات الأفراد الفيسولوجية، واعتباره العنصر الجوهري المعبر عن تقدير المنظمة للجهد المبذول في العمل.

2. الأجر بالقطعة Piecework:

يمثل الأجر بالقطعة إحدى الطرق الفردية للحوافز التي تمنح للعامل عن كل قطعة من الإنتاج. ويتم احتسابها بصورة يومية أو أسبوعية عن طريق حساب عدد الوحدات المنتجة، وهي أكثر الطرق شيوعاً ويمكن الاعتماد عليها عندما يكون الإنتاج مستمراً بنفس المواصفات والمعايير ويمكن تطبيق هذه الطريقة على أساس إخضاع كل الكمية المنتجة للأجر أو الحافز المحدد، فإذا كنا في ورشة للأثاث وكان أجر العامل 5 جنيه عن تجميع الكرسي، وقام العامل بتجميع وتجهيز عدد 6 كراسي في اليوم فإن أجره الذي يحصل عليه بحسب كمية الإنتاج الكلية= 5×6=30 جنيه في اليوم.

كما يمكن تطبيق طريقة الأجر بالقطعة على أساس وجود أجر ثابت يمثل حد أدنى يحصل عليه العامل وحافز عند زيادة إنتاجه. وكمثال، إذا كان أجر العامل في المثال السابق 15 جنيه في اليوم وكان الإنتاج النمطي الواجب أن يقوم به هو عدد 3 كرسي، وكان حافز الكرسي الواحد 5 جنيهات، واستطاع العامل أن يقوم بتجميع وتجهيز عدد 7 كراسي في أحد الأيام، فإنه يستحق الحافز على 4 كراسي ويحسب الحافز لذلك فيكون (4×5) = 20 جنيهاً، وهكذا يحصل العامل على أجر وحافز معاً مقدارهما 15+20=35 جنيهاً.

ومن مزايا هذه الطريقة، سهولة حسابها وبساطتها ووضوحها أمام العامل بما ييسر له الاهتمام بعمله وإقامة علاقة وثيقة بمنظمته، هذا إلى جانب مراعاتها لعنصر العدالة والمساواة.

إلا أنه يؤخذ على طريقة الأجر بالقطعة صعوبة تحديد الحد الأدنى للإنتاج الذي يستحق عليه العامل الأجر المحدد، واختلاف العامل والمنظمة حول تحديده فكل منهما له رأي مختلف عند تحديده. كما تحتاج هذه الطريقة إلى قياس مستمر للكمية المنتجة.

3. **المكافأة** Bonus:

تمنح المنظمات مكافآت لكبار موظفيها في المستويات الإدارية المختلفة وخاصة العليا منها، بناء على ما يقدمونه من أفكار وآراء وأنشطة وأعمال تؤثر على الأداء العام للمنظمة أو أدائهم بحيث يترتب عليها تحقيق الأرباح وزيادة كميات المبيعات. ليست هناك نسباً معينة لمقدار المكافآت التي يمكن تقديمها ولكن قد يكون للمستوى الإداري أهمية كبيرة في تحديد مقدار المكافأة فكلما ارتفع المستوى الإداري زادت نسبة المكافأة الممنوحة، هذا كما يتأثر مقدار المساهمة بمستوى أداء المدير، وبناء على ذلك يمكن أن نرى جدولاً يوضح نسبة المكافآت من المرتب السنوي على النحو الآتي:

المستوى	مدير عام	مدير	رئيس قسم
أداء ممتاز	%150	%120	%80
أداء جيد	%120	%80	%50
أداء عادي	%80	%50	%30

وقد تترك الحرية لكل قطاع أو إدارة لتحديد المبالغ المحددة كمكافأة للعاملين بها دون التقيـد بنسبة أو بفترة دورية، ما يهم أن تراعى فيها قواعد العدالة والمساواة والأداء.

4. العلاوات Merit Raises:

تمثل العلاوات زيادة معينة في الأجر أو المرتب تعطى للأفراد بعد تقييم أدائهم، هذه العلاوات تحدد عادة عن طريق المشرف المباشر للمرؤوسين.

ويمكن استخدام العلاوات كأداة تحفيزية لعدة أغـراض متباينـة فقـد تمنح العلاوات للكفـاءة وذلك عند زيادة الأجر أو الراتب نتيجة لزيادة إنتاجية الفرد. كما قد تمنح العلاوة للأقدمية عندما يمـر على الفرد عام جديد يضاف إلى تاريخ عمله بالمنظمة، وهناك أيضاً العلـاوات الاستثنائية التـي تمـنح للفرد عندما يتميز أداؤه عن الآخرين ويقدم عملاً أو فكر ابتكارياً تستفيد منه المنظمة.

ومن مزايا العلاوات كأسلوب تحفيزي سهولة تطبيقها للاستفادة من تصنيفها لإشباع مختلف حاجات الأفراد بجانب إمكانية منحها لعمال الإنتاج والإداريـين والبائعين والتخصصيين ويؤخـذ عـلى طريقة العلاوات أنها تعتمد على نتائج تقييم الأداء التي قد تميل إلى محاباة الأفراد وإعطائهم تقديرات عالية بالإضافة إلى منح الأفراد علاوات متساوية مع أن جهودهم متباينة.

5. العمولات Commission:

في وظائف البيع غالباً ما نجد البائع يحصل على أجره بناء على النتائج التي يحققها، حيث يحصل البائع أو المحصل على نسبة مئوية من المبيعات التي تحققها، أو من الديون التي يحصلها، وقد يصل الأمر إلى أن يحصل بعض المسئولين في الوظائف الإدارية على عمولات للصفقات يعقدونها مع الشركات الأخرى، وعادة ما يحصل البائع على راتب ثابت بجوار العمولة، يعمل الراتب الثابت على إشباع حاجاته الأساسية وتأمين أمور معيشته، في حين تحفزه العمولة وتدفعه لتنمية مجهوده البيعي.

ومن مزايا هذه الطريقة أنها متغيرة بحسب حجم المبيعات فلا تمثل عبء على المنظمة، كما تعد حافزاً لرجل البيع لزيادة إنتاجيته وتدعم العلاقة بالعملاء، بالإضافة إلى أنها تسهم في تحقيق أهداف رجل البيع النشيط وتحفزه للابتكار والتجديد في عمله.

غير أنه من أهم عيوبها تركيز رجل البيع على إتمام الصفقات بغض النظر عما قد يحدث من مترتبات كإهمال الخدمات بعد البيع، أو زيادة المردودات، أو البحث عن عملاء جدد وتدعيم العلاقات معهم أو السعي لتحقيق التوازن بين المناطق البيعية، بالإضافة إلى ذلك فإن رجل البيع قد لا يشعر بالأمان لعدم استقرار دخله وبذله للجهد الكبير، وأخيراً فإن مقدار العمولة يعتمد على حالات السوق ومدى انتعاشها أو انكماشها.

لهذا لا تعتمد المنظمات على الراتب والعمولة فقط في معاملة بائعيها وإنما تقدم العديد من طرق التحفيز الأخرى، كنظام المكافآت الخاصة أو المشاركة في الأرباح، أو نظم جوائز الباعة، هذا إلى جانب ابتكار الطرق التي تجمع بين مختلف الأنظمة السابقة.

6. حوافز الأفراد المهنيين:

مثل غيره فيما يتعلق بالراتب، فالموظف المهني يمكن تحفيزه مـن خـلال المكافآت وزيادات الراتب الأخرى. ولسوء التقـدير فـإن الموظف المهـني في بعض المنظمات قـد يكلـف للقيـام بالمهام والواجبات الإدارية لتحقيق التقدم والوصول إلى مراكز معينة للحصول على الراتب. وبنـاء عـلى ذلـك، عندما يتم ترقية هؤلاء الأفراد، فإنه يـتم الاستعانة بقـدراتهم وخبراتهم المهنية بشكل متكامـل. وفي الواقع فإن المنظمة ستخسر موظفاً مهنياً محترفاً وتحصل على إداري غـير كـفء. وللتغلـب عـلى هـذه الحالة فإن بعض المنظمات قد مُدت وبسطت مدى الرواتب الخاصة بـالأفراد المهنيين ذوي الخـبرات والقدرات الخاصة لمساواتهم أو تقريب الوضع فيما بينهم وبين الظروف الإدارية.

وهكذا يعمل التوسع في مدى الرواتب المقترح على استيعاب الموقف ومـنح العـاملين رواتـب وأجور تمثل فرصاً لبقائهم في الوظائف المهنية.

يساعد المنظمة في هذا الوضع الاستعانة بمنحنيات المسار أو منحنيات النضوج Maturity Curves كأساس لتحديد الزيادات في الأجور للأفراد المتخصصين ذوي الخبرة، هـذه المنحنيـات توضـح معـدل الراتب السنوي الذي يعتمد على الخبرة ومستويات الأداء المتنوعة. فعنـدما يصل الموظف الفنـي أو المتخصص إلى قمة المدى الذي تحدده معدلات الإنتاج يمكن للمنظمـة في هـذه الحالة اتبـاع مـدخل منحنيات النضوج الذي يسهم في تنظيم وتحديد المستويات العليا لبعض الوظائف حيث يـتم تصنيف العاملين تبعاً لإنتاجيتهم وخبراتهم، فهذه المنحنيات تعكس وتوضح مستويات الأداء المختلفة، كما تمدنا بالزيادة السنوية المتوقعة.

8. حوافز المعارف والمهارات:

في سبيل تعزيز قدرة الأفراد للتعامل مع التطورات المعاصرة في المجالات المختلفة لأنشطة وأعمال المنظمة، والحفز الدائم لتحسينها، ودعماً لتقبل الأفراد للتغيرات والتعقيدات الناجمة عن تطبيق الأنظمة الحديثة، وإرساء روح المبادرة والإبداع، تسعى المنظمات إلى تعديل وتطوير وتنمية المعتقدات والتقاليد والقيم والأنظمة الإدارية، وذلك عن طريق تحفيز الأفراد لاكتساب المعارف والمعلومات الجديدة وتنمية مهاراتهم وتعديل اتجاهاتهم بما يتفق ومواكبة المتطلبات المعاصرة.

٭ مكونات منظمة التحفيز:

التحفيز بمضامينه يعتبر عملية نظامية تتكون من مجموعة أجزاء متفاعلة، يكون نتاجها إيجابياً على المنظمة أولاً وعلى العاملين ثانياً، وإذا ما أردنا تصوير العملية التحفيزية نجدها تتكون من ثلاثة مكونات، هي الفرد والوظيفة وموقف العمل وكما يتبين في الشكل التالي:

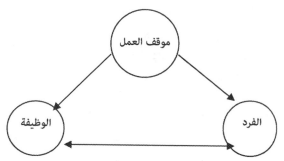

وعليه فإن عملية التحفيز هي إدراك وشعور لمؤثرات خارجية مصدرها البيئة، فما يحمل الفرد من قيم وأخلاقيات تنتقل إلى داخل المنظمة وتصبح عائلته الثانية.

ولا يمكن لعملية التحفيز أن تلاقي النجاحات المؤملة إذا ما توافرت فيها الأساسيات التالية:

أ. الفرد والوظيفة، أي تتناسب قدرات ومعارف وقابليات الفرد مع المتطلبات الوظيفية، وهنا يأتي دور تصميم الوظيفة ليلعب دوره بشطرية الوصف الوظيفي والتحديد في تحقيق هذه المواءمة.

ب. الوظيفة والمنظمة، أي أن تكون الوظيفة والهيكل الوظيفي جزء حيوي وجوهري في هيكل المنظمة وليست وظيفة هامشية، فمهما حاولت المنظمة من استخدام وسائل التحفيز فإنها لا تنجح إذا كانت الوظيفة غير مهمة لدى الفرد.

ج. الفرد والمنظمة، أي أن تتكامل أهداف الفرد والمنظمة.

د. المنظمة والبيئة، أي أن تتكيف المنظمة لمتطلبات بيئة عملها ومنها متطلبات مواردها البشرية.

هـ الفرد والموقف، أي أن يمتلك الفرد القدرة على إدراك طبيعة موقف العمل ويستوعب متطلباته لكي يسلك بما يتناسب مع الموقف.

3. يتمثل دور التحفيز في تحريك الطاقات والقدرات الكاملة لدى الفرد العامل. فمعروف أن الفرد العامل حال تعيينه وارتباطه بالمنظمة عليه أن يؤدي عمل ما لكي يعوض بأجر أو براتب على ذلك. ولكن المهم في الأمر هو ما مستوى أداء الفرد لعمله فهنا يأتي دور عملية التحفيز لكي تحرك عوامل داخلية لدى الفرد تقود إلى الشعور بأن الإنجاز الأعلى تقابله مكافئة أفضل معنوية أو مادية.

فعندما تستخدم المنظمة التحفيز لمجموعة من العاملين عليها أن تدرك بأن مستوى التحفيز يتباين بين العاملين بحكم تباين خصائصهم وقيمهم وأهدافهم ومثل هذا الأمر يتطلب أن تلعب المنظمة دوراً أساسياً في توجيه عملية التحفيز لإثارة الدوافع (العوامل الداخلية) لدى العامل وتوجيهها نحو الأداء الأفضل.

اعتماداً فإن منظومة التحفيز تتكون من المكونات التي يظهرها الشكل التالي:

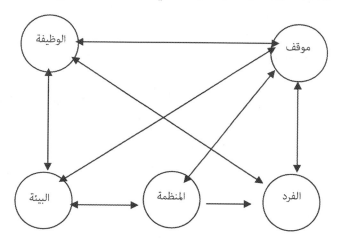

مكونات منظومة التحفيز المعدلة

يلاحظ من الشكل بأن المكونات الخمسة بتفاعل مستمر لغرض تحقيق المواءمات التي تم ذكرها أعلاه. وتعتمد عملية توجيه منظومة التحفيز على فلسفة المنظمة وقيمها والمبادئ التي تستند إليها في أهداف عملية التحفيز. وفي هذا المجال تتحدد الفلسفة. في ضوء النظرية التي تعتمدها المنظمة، نظرية (X)، أو نظرية (Y)، أو نظرية (Z) التي وصفت بأنها النظرية الخاصة بالإدارة اليابانية، فاعتماد واحدة من النظريات يقود المنظمة إلى أسلوب تحفيزي قد تختلف فيه عن منظمة أخرى. فنظرية (X) تقوم على أساس النظرة المتشائمة للطبيعة الإنسانية ولهذا فإن التحفيز يتمثل بالتوجيه الذاتي وقد يصل إلى حالة العقوبة إذا اقتضى الأمر. ونظرية (Y) تقوم على أساس النظرة التفاؤلية للطبيعة الإنسانية وتفترض بأن الفرد العامل يحب عمله ويعمل لتحقيق أهدافه الفردية وأهداف منظمته، لذا فإنها

161

تركز في تحفيزها على الجانب المعنوي. ونظرية (Z) تفترض بأن محرك الأداء الأفضل لدى الإنسان محفزات مادية ومعنوية.

ولكون عملية التحفيز عملية معقدة فقد اقترح الكتاب الكثير من نظريات التحفيز التي يركز قسماً منها على المال، بينما يركز القسم الآخر على المال والامتيازات الأخرى، وفي أدناه شرح موجز للنظريات:

1. نظرية هرمية الحاجات لماسلو:

يرتب ماسلو الحاجات الإنسانية بهرم يبدأ بقمة وينتهي بقاعدة، حيث تقع حاجات إشباع الذات في قمة الهرم، بينما تقع الحاجات الفيزيولجية في قاعدته والشكل التالي يبين هذه الحاجات.

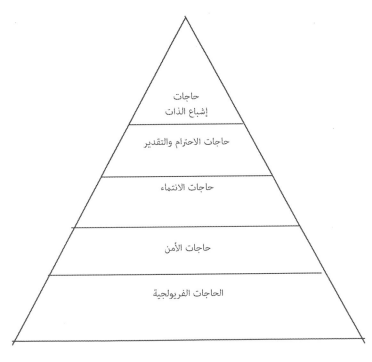

حاجات
إشباع الذات

حاجات الاحترام والتقدير

حاجات الانتماء

حاجات الأمن

الحاجات الفريولجية

سلم ماسلو للحاجات

صنف ماسلو الحاجات ضمن المجموعات الخمسة في مجموعتين هي: الحاجات الفيزيولوجيـة وحاجات الأمان ويؤكد على أن السلوك يتوجه نحو إشباع الحاجات غير المشبعة، كذلك يؤكد بأن إشباع حاجة يدفع إلى ظهور حاجة غير مشبعة، فعلى سبيل المثال عند إشباع الحاجات الفيزيولوجية تظهر الحاجة لإشباع حاجات الأمان وهكذا.

تفترض النظرية بأن عملية التحفيز يجب أن توجه إلى الحاجات غير المشبعة، لذا فإن نجـاح عملية التحفيز يعتمد على قدرة المنظمة في اكتشاف هذه الحاجات وتوجيه المحفزات لإشباعها.

2. نظرية التعزيز:

ارتبطت هذه النظرية بالعالم سكنر الذي يعتمد بأن تعديل سلوك الفرد والتحكم بـه يـتم عـن طريق التعزيز الإيجابي. وترى هذه النظرية بأن الفرد العامل يميل إلى تكرار السلوك المحايد أو السلبي ولا يميل إلى التعزيز السلبي (العقوبة) كونها تخفض من الـروح المعنويـة ويشـترط Skinner لاستخدام هذه النظرية في مجال التحفيز ما يأتي:

أ. تحديد السلوك المرغوب بدقة.

ب. تحديد المكافآت أو الحوافز التي تدعم السلوك المرغوب.

ج. جعل الثواب النتيجة المباشرة للسلوك المرغوب.

د. اختيار الطريق أو الأسلوب الأفضل للتعزيز.

هـ عدم معاقبة الموظف أمام زملائه.

و. اختبار الموظف العامل بالنواحي التي لم ينجح فيها.

3. نظرية الحاجة إلى الإنجاز:

ارتبطت هذه النظرية بالعالم مكليلاند الذي درس ثلاثة حاجات لـدى الفـرد هـي: الحاجـة إلى القـوة، الحاجة للانتماء، والحاجة للإنجاز، وقد وجد بأن المحرك الأساسي

لدى الفرد هو الحاجة للإنجاز، إذ أن إشباع هذه الحاجة يقود إلى سلوك مرغوب أولاً، وأداء ثانياً، وحدد العالم خصائص الإنجاز العالي بالآتي:

أ. الأهداف المقبولة.

ب. تحمل المسؤولية الشخصية.

ج. الاعتماد على التغذية العكسية أو المرتجعة.

استناداً إلى هذه النظرية فإن عملية التحفيز يمكن أن تنجح إذا مكنت الفرد من وضع أهدافه بشكل معقول، ومنحته العمل الذي يتضمن مسؤولية مباشرة، ودعمت بمعلومات عن نتاج أدائه الجيد أو السيء.

4. نظرية العاملين:

تعود هذه النظرية إلى عام 1959 عندما قام العالم هرزبرج بدراسة الخصائص الوظيفية التي تؤدي إلى رضا العاملين أو عدم رضاهم. وفي عينة مبحثه من المهندسين والمحاسبين وجد بأن الرضا والدافعية تتأثر بنوعين من العوامل هي:

أ. العوامل الصحية:

وهي العوامل التي ترتبط ببيئة العمل داخل المنظمة كالراتب والعلاقات والإشراف وظروف العمل والمركز الذي يشغله الفرد وضمانات العمل. واعتبر هرزبرج هذه العوامل بالعوامل الوقائية التي إن توفرت في المنظمة فإنها تمنع من تشكي الفرد العامل ولكنها لا تحس أدائه لكونها معطيات أساسية.

ب. العوامل الدافعة:

وهي العوامل المرتبطة بمحتوى العمل كالعمل ذاته والصلاحية والمسؤولية التي عند وجودها تؤثر على معنوية العاملين وتدفعهم نحو الأداء الأفضل. اعتماداً فإن عملية التحفيز يجب أن تنصب على محتوى العمل لكي تكون ناجحة. هذا يعني بأن المنظمة

التي تريد أن تنجح في جهودها التحفيزية يمكن أن تركز على تصميم وإعادة تصميم الأعمال فيها.

5. نظرية المساواة:

تفترض هذه النظرية بأن الفرد يحاول أن يحقق حالة توازن بين ما يقدمه للمنظمة من جهـد ووقت، وما يحصل عليه من مردود مالي، أو مزايا ومنافع معنويـة. يتحقق هـذا التـوازن حسـب رأي النظرية عندما يشعر الفرد بأن مردوداته المالية والمعنوية تعـادل مـردودات العاملين الـذين يتعامـل معهم. وعند شعوره بالتمايز عنهم فإنه سيعيش حالة توتر تدفعه إلى تغيير إنتاجيتـه داخـل المنظمة لهذا تعتمد النظرية المقارنة بين طرفي معادلة تتحقق فيها المساواة على النحو التالي:

$$\frac{\text{عوائد الفرد}}{\text{جهوده}} = \frac{\text{عوائد الآخرين}}{\text{جهودهم}}$$

وعند تحقق المساواة يعتبر الفرد محفزاً لذا فإن على المنظمة أن توجه جهودها التحفيزية نحو تحقيق المساواة أعلاه سواء بالمحفزات المالية أو غيرها من المحفزات الأخرى.

6. نظرية التوقع:

تسمى هذه النظرية بنظرية فروم نسبة إلى العالم الذي وضع مبادئها وتقوم عـلى افـتراض أن سلوك الفرد وأدائه تحكمه عملية مفاضلة بـين بـدائل القيـام بفعـل يـنعكس بسـلوك أو عـدم القيـام بالفعل، حيث أن دافعية الفرد محكومة بالمنافع (العوائد) التي يتوقع الحصول عليها من الأداء ودرجة هذا التوقع وفق المعادلة الآتية:

$$\text{الدافع} = \text{المنفعة} \times \text{الاحتمال}$$

ويعتمد تطبيق النظرية على تحقق الشروط الآتية:

أ. أن يتوفر لدى الفرد اهتمام بالمحفزات المالية، وهذا ما يمكن أن يتحقق لدى الأفراد العاملين الشباب.

ب. اعتقاد الفرد بوجود ارتباط قوي بين الأداء والمردود، أي أن الأداء العالي يصاحبه مردود عالي.

ج. اعتقاد الفرد بأن هناك احتمال قوي وكبير بأن الجهود التي يبذلها تقود إلى أداء ناجح.

يلحظ من محتوى النظرية بأنها الأكثر تركيزاً على الحوافز المالية وأثرها في الأداء، حيث أن تحقق الشروط الوارد ذكرها أعلاه يعني بأن الحوافز المالية مسؤولة مباشرة عن الأداء. اعتماداً فإن النظرية توجه المنظمات إلى اعتماد الحوافز المالية كوسائل لتحسين الأداء، وأن عملية التحفيز لا يمكن أن تنجح إذا لم تركز على الجانب المالي في المحفزات.

7. نظرية الدرفير:

صنف الدرفير حاجات الإنسان إلى ثلاثة مجموعات رئيسية هي:

- حاجات الوجود.

- حاجات الارتباط.

- حاجات النمو ويتم إشباعها من خلال قيام الفرد بعمل منتج أو إبداعي.

ويرى الدرفير بأن الحاجات أعلاه تقع في مستوى واحد وعلى خط مستقيم وليس بشكل هرم يستلزم إشباع الحاجات الدنيا أولاً قبل الحاجات العليا. وفي حالة فشل الفرد في إشباع حاجة من الحاجات فإنه يحاول مرة أخرى أو ينتقل إلى حاجة أخرى يعتبرها مساوية للأولى من حيث الأهمية.

استناداً إلى مداخل الدرفير فإن عملية التحفيز يجب أن تكون عملية متكاملة من حيث المحتوى وتتعامل مع جميع الحاجات الإنسانية بنفس الأهمية.

لقد أظهرت إلى جانب النظريات أعلاه مجموعة من النماذج التي اعتمدت النظريات السابقة وعدلت في شروطها للوصول إلى نماذج أكثر تكاملاً. من هذه النماذج نموذج بورتر ولولر الذي يعد تطوير لنظرية فروم، حيث ربط بين الدافعية والرضا والأداء بطريقة جيدة، معترضاً بأن الرضا تحدده العوائد الداخلية والخارجية، كما أنه دالة للأداء الفعلي والمكافآت الناتجة عن هذا الأداء.

يخلص مما تقدم بأن جميع نظريات التحفيز تتضمن شروط قد تتحقق في مجموعة عاملين في منظمة معينة، وقد لا تتحقق لمجموعة أخرى تعمل في منظمة أخرى وتواجه مواقف مختلفة، كما أن النظريات تباينت في إعطائها أهمية للحوافز المالية والمعنوية، ويعود التباين إلى أن قسم من هذه النظريات لم تختبر ميداناً، أو أنها اختبرت في مجموعات عاملين بخصائص محددة قادت عملية الاختبار فيها إلى نتائج لم تتحقق بنفس المستوى عند اختبارها في مجموعة عمل أخرى.

1. أن عملية التحفيز تتطلب دراسة الحاجات الإنسانية لدى الفرد العامل وتصنيفها حسب أهميتها والتركيز على الأكثر أهمية ثم ما يليها في سلم الأهمية. تدعم هذا الافتراض حقيقة عدم إمكانية المنظمة من إشباع جميع حاجات الفرد العامل بنفس الوقت وبنفس المستوى من الإشباع، فقد تركز المنظمة على الحوافز المالية لأهمية الحاجات الفيزيولوجية ولكنها تعطي أهمية أقل للحاجات الأخرى.

2. إن نجاح عملية التحفيز يحتاج إلى عمليات إدارية متكاملة من تخطيط وتنظيم وتوجيه ورقابة، حيث يهتم جانب التخطيط بتحليل الحاجات وتشخيصها وتحديد الهدف من عملية التحفيز، وتنصب عملية التنظيم في اختبار أساليب التحفيز التي تتناسب مع خصائص التحفيز، وتنصب عملية الرقابة على التحقق من كفاءة

وفاعلية عملية التحفيز، حيث يتم التأكد من الفاعلية عن طريق تحقق أهداف التحفيز، ويتم التأكد من الكفاءة عن طريق كلفة التحفيز مقارنة بالعوائد المتحققة.

* ثالثاً: الحوافز والإنتاجية:

يحتل موضوع فاعلية الحوافز وعلاقتها بالإنتاجية مكاناً بارزاً لدى الكثير من الباحثين ومنذ بدايات الفكر الإداري، وبرهنت الكثير من الدراسات بأن المنظمة التي تستهدف زيادة إنتاجية أفرادها العاملين عليها أن تهتم بمسألة الحوافز. كما تشير دراسات أخرى إلى أن الحوافز الفردية تتحقق أغراضها في المنظمات التي يهتم أفرادها بالأداء الفردي والعائد الفردي، بينما تحقق الحوافز الجماعية أهدافها في المنظمات التي تبنى على فلسفة ومفهوم فريق العمل وجماعة العمل.

بناءً على ذلك تتفق الدراسات بأن عملية التحفيز يمكن أن تقود إلى تحسين في الأداء عندما لا يتم التعامل معها بشكل منفصل عن العوامل الفردية والتنظيمية والبيئية الأخرى، هذا يعني بأن على المنظمة التي تستهدف تحسين الإنتاجية أن تلاحظ عند وضع خططها التحفيزية الآتي:

1. تحليل دقيق للعمل الذي يرتبط بكفاءة الأداء، أي أن يتم تحليل لجزيئات العمل المنجز، ومن الطبيعي جداً القول بأن ليس كل مكونات العمل يمكن أن تقود إلى تحسين في كفاءة الأداء خاصة مع الأوصاف الوظيفية الضعيفة في بعض الأحيان، لذا على المنظمة أن تدقق نتائج تحليل العمل أولاً للتأكد من دقة التحليل وارتباطه بكفاءة الأداء.
2. تصميم أو إعادة تصميم العمل وبما يجعل العمل المؤدي منسجماً مع خصائص الأفراد العاملين الشخصية ومعارفهم وقدراتهم. هذا يعني بأن على المنظمة ممثلة بإدارة مواردها البشرية أن تبحث عن التصميم الذي لا يحتاج إلى جهد كبير

في عملية التحفيز، فالمتعة والرغبة في العمل إذا ما تحققت تجعل عملية التحفيز عملية روتينية.
3. التركيز على التغذية العكسية عند إجراء عملية تقويم الأداء، إذ أن هذه التغذية تعتبر محفز رئيسي في غالب الأحيان.

فالعوامل أعلاه يمكن أن تؤثر مجتمعة أو منفردة في تحسين الإنتاجية، وتفشل عملية التحفيز في تحقيق أهدافها في المجال الإنتاجي عندما تفتقر إلى مقوماتها الذاتية (مضمون عملية التحفيز)، ومقوماتها الموضوعية (الهدف من عملية التحفيز)، وتشير إحدى دراسات مجلة Harvard Business Review لعام 1993 وللكاتب الفي كوهن بأن فشل أنظمة الحوافز لا يعزى إلى الأنظمة ذاتها وإنما إلى النظريات والأسس التي تقوم عليها هذه الأنظمة، ويشير الكاتب إلى صعوبة التصديق بأن الحوافز يمكن أن تطور سلوكيات دائمية لدى الفرد العامل وإنما يمكن أن تحقق الحوافز استجابة مؤقتة أو انطباعات سلوكية ظاهرة لفترة محددة من الزمن ثم تزول هذه الانطباعات عندما يراجع الفرد العامل نفسه، ويجد أن سلوكه القديم هو الأفضل وإنه شيء تعوّد عليه.

وعن علاقة الحوافز بالإنتاجية يشير الكاتب ومن خلال مراجعته لنتائج أربعة وعشرين دراسة أجريت خلال ثلاثة عقود ماضية بأن المراجعة أظهرت بشكل حاسم إن أداء الناس الذي يتوقعون الحصول على مكافآت مقابل إنجازهم مهمة معينة، أو إنهاء المهمة بنجاح لا يختلف عن أداء من لا يتوقعون مكافآت على الإطلاق، وتظهر المراجعة الخاصة بالدراسات أيضاً بأنه كلما كان العمل المطلوب إنجازه يتصف بالعمق التأملي والإدراك والتفكير غير المحدود، كان الأداء أسوء إذا كان من يؤدي العمل يحمل الشعور بأن أدائه سيكون مقابل مكافئة.

وتؤكد دراسات كثيرة أخرى بعدم وجود علاقة ما بين الحوافز والإنتاجية وبالذات الحوافز المالية، إذ وجدت إحدى الدراسات بأن الحوافز يمكن أن تنعكس بنتائج سلبية على الإنتاجية عندما تهمل الأسباب وتقوض الاهتمام وتصدع العلاقات وتخلق شعور بعدم المساواة بين الأفراد العاملين. اعتماداً فإن توجيه عملية التحفيز ودعمها من أعلى السلم الإداري يمكن أن يسهم ليس في تحجيم نتائجها السلبية وإنما في إظهار نتائجها الإيجابية أيضاً.

الفصل السابع
التنمية البشرية

* التدريب:

تعريف التدريب:

يعرف التدريب في العلوم والمعارف المسلكية بـ(التعلم Learning)، وتختلف طرق ووسائل التدريب أو التعلم باختلاف أوجه وطرائق المنهج العملي والسلوكي للفرد وللمنظمة، ويمكن للفرد أن يتعلم ذاتياً من خلال الاطلاع والتقليد والتناقض واكتساب الخبرة والمعرفة أو من خلال توفير وسائل المعارف من أسس ونظريات وقواعد وقوانين وتنطوي تحت مفهوم التعليم (Education).

ومن التعاريف الاصطلاحية للتدريب ما يلي:

- إجمالي النشاطات التي توفر المعارف، وتكسب/ تنمي المهارات، وتكسب/ تعدل/ تغير الاتجاهات، بما يصل بالفرد إلى سلوك ذاتي مطلوب.

- تغيير الاتجاهات النفسية والذهنية للفرد تجاه عمله، تمهيداً لتوفير معارف ورفع مهارات الفرد في أداء العمل.

- توفير فرص اكتساب الفرد لخبرات تزيد من قدرته على أداء العمل.

- نشاط مستمر لتزويد الفرد بالخبرات والمهارات والاتجاهات، التي تجعله صالحاً لمزاولة عمل ما.

ومن استعراض التعاريف السابقة، يمكن استخلاص من التعريف التالي:

تغيير في سلوك الفرد لسد الفجوات: المعرفية والمهارية، والاتجاهية، بين الأداء الحالي، والأداء على المستوى المطلوب.

مكونات التدريب:

تنطوي العملية التدريبية، على مكونـات متعـددة، تسـتهدف في مجملهـا سـلوك الفـرد الأدائي المطلوب، ويمكن بلورة هذه المكونات فيما يلي:

1. **المكون المعرفي:** يوفر هـذا المكـون، الأسـس، والنظريـات والقواعـد والقـوانين، المرتبطـة بموضـوع التدريب، مستهدفاً إيقاظ وبعث القديم منها، وإيراد وتوفير كـل جديـد مـن المعـارف في المجـال التدريبي.

2. **المكون المهاري:** إكساب وتنمية وتطوير الكيفيات الأدائيـة للقـدرات المتاحـة والمفضية إلى نشـدان الكفاءة الفردية والتنظيمية.

3. **المكون الاتجاهي:** توفير الخبرات المباشرة، التي تعمل على امتصاص الآراء والأفكار والمعتقدات، أو تعديلها، أو تغييرها، بما يحقق أهداف التغيير السلوكية، التي سعت إليها العملية التدريبية.

أنواع التدريب:

يمكن التمييز بين ثلاثة أنواع للتدريب، أثناء الرحلة الوظيفية للفرد في المنظمة.

1. التدريب التأهيلي:

يرشح الفرد لنوعية التعليم وفقاً لما يتوفر له مـن استعدادات، أي مـا يسـتطيع أن يتعلمـه، ثـم تتحول هذه الاستعدادات من خلال التعليم إلى قدرات، أي ما يستطيع أن يؤديه الفرد حالاً، ثـم يقوم التدريب، في بداية رحلة الفرد الوظيفية، وقبـل أن يتسـلم وظيفتـه، بإكسابه المهارات اللازمة، وكـذا الاتجاهات المطلوبة، مع فيض من المعلومـات عـن المنظمـة ونظـام العمـل بهـا، وحقوقـه، وواجباتـه، وقواعد الأداء، وأسماء المشرفين، والزملاء، وما إلى ذلك مما يكشف له عن المنظمة.

2. التدريب التنموي (التطويري):

يسعى هذا النوع من التدريب إلى سد الفجوة بين القديم والجديد، من خلال توفير المعارف الجديدة، والعمل على زيادة وترقية المهارات في فترة التدريب- الوجيزة- ليحلق الفرد بما فاته، وليستطيع أن يتعامل كل جديد في مجال وظيفته مثل نظم المعلومات الحاسوبية، وأساليب التعامل مع الضيوف. ويستخدم هذا النوع من التدريب طيلة حياة الموظف، كلما جد جديد، أو أن كان يتأهل للترقية.

3. التدريب التحويلي:

عندما تحاول المنظمة أحداث استطراق في العمالة، قد يكون من شأنه تحويل جزء منها من وظائف إلى وظائف نوعية أخرى، وحتى يتم ذلك، لا بد من اكتشاف استعدادات كامنة في هؤلاء المرغوب تحويلهم، وإذا اكتشفت، يصمم برنامج التدريب التحويلي، الذي يحتوي على فيض من المعارف تعمل على تحويل الاستعدادات إلى قدرات، ثم إكساب هؤلاء الأفراد المهارات اللازمة للأداء، وإعطائهم جرعة الاتجاهات المطلوبة، حتى يتحول سلوكهم الأدائي إلى سلوك المطلوب.

* المسار التعليمي التدريبي:

يمر الفرد عبر مسار حياتي يبدأ بالتعليم، ثم بعد أن ينتهي، يتسلم مساراً آخر لا ينتهي طيلة حياته الوظيفية، ألا وهو التدريب، وتنجلي جودة هذا المسار، ومن ثم جودة أداء الفرد، يتبع ثلاث حلقات.

حلقات المسار التعليمي التدريبي

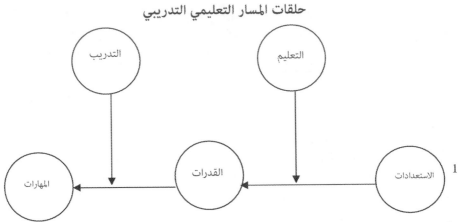

. **الاستعدادات:** يولد الإنسان وهو مزود بمجموعة من الاستعدادات، ويمكن التعبير عن الاستعداد بأنه: "قابلية الفرد للقيام بنشاط عقلي معين، بناء على تكوينه الطبيعي الموروث". وقد يستمر الاستعداد في كمون طالما لم تهيأ له الظروف المواتية.

2. **القدرات:** إذا كانت الظروف محابية ومواتية، للاستعدادات لدى الفرد، تحولت إلى ما يسمى بالقدرات. ويعبر عن القدرة بأنها "ما يستطيع أن يقوم به الفرد من أداء فعلاً".

وعليه، فإنه بمعرفة استعدادات الفرد، بالكشف عنها، يوجه إلى التعليم المناسب الذي يوفره له المعارف المطلوبة، ومن ثم يتحول الاستعداد إلى قدرة.

3. **المهارات:** عندما تتوفر القدرات الأدائية للفرد بواسطة التعلم، يحاول أن يصل بأدائه إلى درجة الإتقان الأدائي الموفرة للوقت وللجهد، وفي ذات الوقت محققة للأهداف، أي ينشد المهارة، ولن يتأتى له ذلك إلا من خلال التدريب. وعليه فالمهارة هي مدى إجادة وكفاءة استخدام القدرة المتاحة.

وعود على بدء، فيجب عند الحديث عن التدريب التحويلي، أن نكشف عن الاستعدادات ثم تحويلها إلى قدرات بالمعارف (التعليم)، ثم نكسب المهارات وندميها بالتدريب.

* مسئولية التدريب:

عندما يدور التساؤل الذي مفاده، من المسئول عن التدريب؟ ستكون الإجابة أن هذه المسئولية مشتركة بين الفرد، ورئيسة، ووحدة الموارد البشرية.

يتبصر الفرد ذاته، ويعي نواحي النقص والقصور في أدائه، ويناقشها مع رئيسه المباشر، باحثاً عن سبل جبر هذا النقص.

ويدرك الرئيس التنفيذي الواعي احتياجات وحدته، من المعارف والمهارات، سواء على مستوى الاكتساب أو التنمية، ويبلور ذلك في شكل متطلبات أدائية مستقبلية، ويبحث في أمرها، وفي كيفية توفيرها، مع مدير وحدة الموارد البشرية.

ويتولى مدير وحدة الموارد البشرية أعداد تصور تدريبي كامل للمنظمة خلال سنة، وخلال مدة أطول مستشرقاً آفاق المستقبل، ثم يعد البرامج التدريبية المناسبة، اشتقاقاً من خطط التدريب قصيرة وطويلة الأجل، ومحققاً اتصالات فعالة مع المديرين التنفيذيين والأفراد ذاتهم، والمنظمات التدريبية الخارجية، وأيضاً بيوت الخبرة والاستشارات العاملة في هذا المجال، لتتولى وحدة الموارد البشرية تنفيذ البرامج التدريبية المتفق عليها.

* النشاطات التدريبية:

تنتظم عدة نشاطات تفضى في مجملها إلى تغيير سلوكيات الفرد الآدائية، ومن ثم سلوكيات الأداء في المنظمة، ويمكن بلورتها تحت رؤوس موضوعات على النحو التالي:

1. تحديد الاحتياجات التدريبية:

تعدّ الاحتياجات التدريبية هي نقطة البداية، في أية عملية تدريبية منظَّمية، ويعبّر عنها بأنها (نواحي القصور أو الضعف في الأداء، الحالية والمتوقعة ويمكن التعبير عن الاحتياجات التدريبية بالمعادلة التالية:

الفجوة الأدائية= الأداء المستهدف- الأداء الحالي

ومن المنطقي أن نحدد أسباب هذه الفجوة الأدائية، لحصرها والتعرّف على مكوّناتها، تمهيداً لتحديد الأهداف التدريبية، وعموماً يمكن التعّرف على هذه الفجوة من خلال مستويين للتحليل.

1/1 على مستوى المنظمة:

يعود القصور في الأداء- الفجوة الأدائية- إلى أسباب ترجع للمنظمة، انتقلت المنظمة من مستوى (4 نجوم) إلى مستوى أعلى (5 نجوم)، استخدام الحاسبات الآلية في المكاتب الأمامية، تبّني مواصفات حديثة (ISO.900)، انتهاج أنظمة جديدة، النظام الأمريكي بدلاً من النظام الأوروبي في التنظيم وما إلى ذلك.

2/1 على مستوى الفرد:

يرجع القصور أو الضعف الأدائي من ناحية الفرد على نواحٍ كثيرة: الموظف الجديد، والترقية، والنقل، والمسار الوظيفي (المأمول)، والحوادث، والشكاوي، وتقييم الأداء الذي يعدّ للموظف.

1. تحديد الاحتياجات التدريبية- من؟ وكيف؟

لعلّ التساؤل الذي يدور، من الذي يحدد الاحتياجات التدريبية المطلوبة؟ ثم يعقبه تساؤل آخر، كيف تحدد هذه الاحتياجات؟

وتكمن الإجابة عن التساؤل الأول، في أن أخصّائي التدريب يقومون بإعداد قوائم الاستبيانات الكاشفة للحاجات، كما يعقدون اللقاءات مع المديرين المباشرين للأفراد في الوحدات المختلفة، ومن خلال التباحث والتشاور، يمكن تحديد هذه الاحتياجات. فضلاً عن التقارير التقويمية من المديرين، بسبب معاناتهم من فجوات الأداء للأفراد، وأخيراً هناك التبّصر الذاتي للفرد نفسه، والذي يجب أن يصارح كل فرد مديره بأوجه النقص التي يعاني منها. (أنظر مسؤولية التدريب).

وتلّوح الإجابة عن التساؤل الثاني، كيف يتم التشخيص السليم لأسباب الفجوات الأدائية التي يعاني منها الأفراد والمنظمة؟ وذلك عن طريق التعرّف على الأداء الحالي، والأداء المستهدف- والمرتقب- وعليه هل هناك فرق من عدمه، وإذا ظهر الفرق فهناك فجوة- قصور وضعف- تحتاج إلى تحليل، لإيجاد الحل الناجح، ويمكن وضع أطرا التحليل كما يلي:

1. **فجوة التدريب:**

يتوفر للأفراد قصور في المعارف و/أو المهارات و/أو الاتجاهات، بما يعني الحاجة إلى التدريب.

2. **فجوة الإمكانات:**

تعاني المنظمة من مشاكل في تصميم الوظائف، أو في الهيكل التنظيمي، أو في نظم الأجور والحوافز، أو جماعات عمل متنافرة، أو في المناخ التنظيمي، كل ذلك مؤشرات على أنه لا حاجة للتدريب، وإنما العلاج للإمكانيات التنظيمي.

3. **فجوة الدافعية:**

عندما يمتلك الفرد القدرات والمهارات اللازمة للأداء، ولكنه لا يؤدي بالشكل المطلوب. فالمشكلة هاهنا هي البحث عن حاجات الفرد الأساسية وكيفية إشباعها، إذن لا حاجة إلى التدريب، ولكن هناك حاجة ماسة للقيادة.

2. تحديد الأهداف التدريبية:

بعد تحديد الاحتياجات التدريبية بناءً على تعيين الفجوة وتشخيص أسبابها، يتم العمل على توفير الإشباع اللازم، ويتم ترجمة ذلك فيما يسمّى بالأهداف التدريبية.

ويعبّر عن الأهداف التدريبية بأنها (النتائج النهائية التي يجب أن يصل إليها المتدرب من الناحية المعرفية، والمهارية، والاتجاهية).

صياغة الأهداف التدريبية:

يجب أن تصاغ الأهداف التدريبية في شكل سلوكي- إجرائي يمكن قياسه- حتى تتضح منها الأفعال السلوكية التي يتوقع من المتدرب القيام بها، كدليل على نتاج التدريب، ويستند في ذلك إلى تعريف التدريب بأنه (تغيّر في سلوك الفرد المتدرب).

وعند إعداد الأهداف في شكل سلوكي يراعى ما يلي:

- أن يبدأ كل هدف بفعل سلوكي يمكن ملاحظته وقياسه، بأفعال مثل: يستوعب، يفهم، يعرف، يقدر، لا تعتبر أفعالاً سلوكية لصعوبة قياسها، وعليه تستخدم الأفعال التي تعكس النتائج السلوكية، فمثلاً بدلاً من يستوعب هناك: يلخص، يقارن، يميّز، ويمكن استخدام مصادر هذه الأفعال: تلخيص، مقارنة، تمييز.
- أن يتضمن الهدف إشارة إلى مستوى كفاءة الأداء مثل: تسكين الضيف في زمن غايته أربع دقائق.
- أن يضمن الهدف إشارة إلى الظروف التي سيتم فيها الأداء، طالما كان ذلك من مسوّغات الأداء، مثال تسكين الضيف في زمن غايته أربع دقائق، مع انشغال المستقبل بالتليفون، وأية مسؤوليات أخرى في الاستقبال.
- أن يتعلق بأداء المتدرب، وليس المدرِّب، فعبارات مثل تنمية المهارات التدريبة على كذا، هي عبارات هدفية تتعلق بالمدرب.

- أن ترتبط بالنتائج والغايات، وليس بالعملية التدريبية (النشاط التدريبي).

* دور الأهداف السلوكية:

يمكن صياغة ما هو متوقع من الأهداف السلوكية على النحو التالي:

1. المساعدة في اختيار محتويات المواد التدريبية، وتصميمها بكل يتناسب مع السلوك المراد تكوينه.
2. المساعدة في اختيار المساعدات التدريبية (لوحة- مجسّم- فيلم...).
3. تحديد للمتدرب ما هو مطلوب منه على وجه الدقة في نهاية المرحلة التدريبية.
4. مساعدة المدرب في تحديد مادته، وكيفية عرضها، والتعرّف على المخرجات المطلوبة.
5. المساعدة في اختيار وسائل وطرق التقويم المناسبة.
6. المساهمة- إلى حدٍ كبير- في وضع شروط القبول للبرامج التدريبي.

* مستويات الأهداف التدريبية:

تحدد وتصاغ الأهداف التدريبية، عبر المستويات التالية:

- مستوى البرنامج:

يعدّ هدف عام لبرنامج التدريب، ويلخّص الأهداف المرحلية والتفصيلية، وليس بالضرورة أن يصاغ في شكل سلوكي، ويمكن أن يتفرّع من الهدف العام، عـدة أهـداف تفصيلية في شكل سلوكي، إن وجدت- والتي ستكون في الحقيقة، هـي تجميع للأهداف السلوكية، لكل مـادة تدريبية مـن مـواد البرامج.

- مستوى المادة التدريبية:

يصاغ لكل مادة- من ماد البرنامج- هـدف سلوكي، ويتفرّع منـه الأهداف التفصيلية للمـادة التدريبية، ثم يتفرّع منه- هدف الوحـدة- الأهـداف المرحليـة التفصيلية، وهـي التي تتعلّـق بـالأداء التشغيلي التدريبي، والتي يمكن قياس مخرجاته عند هذه المرحلة.

3. تصميم البرنامج التدريبي:

يرتبط تصميم البرنامج التدريبي بتحديد الشكل النهائي للبرنامج، أي تحديد المواد التدريبية، وأساليبها، ومساعداتها، والشروط الواجب توافرها في المتدربين، واختيار المدربين المناسبين، واختيار المكان المناسب، وأيضاً الزمان الملائم، وأخيراً تصوير الموازنة التقديرية.

تحديد المواد التدريبية:

توّفر الأهداف التدريبية عبر مستوياتها، ومن خلال صياغتها السلوكية، ماهية الموضوعات التدريبية، التي تحقق هذه الأهداف، ثم تصنيف هذه الموضوعات لينبثق منها مواد تدريبية، تحتاج على إعداد وصياغة من لدن خبير، وسنعرض فيما يلي لكيفية صياغة وتشكيل واحدة من المواد التدريبية.

وتعتبر المادة التدريبية واحدة من مكوّنات المحتوى التدريبي، والذي يتكوّن من أشكال عدة، مثل أجزاء من مراجع نظرية، ومشاهدات، وتمارين، وزيارات، وملاحظات أدائية، وغير ذلك الكثير.

وتتشكل المادة التدريبية، وتصاغ لتغطية واحد أو أكثر من الأهداف العامة للبرنامج- على مستوى البرنامج- ثم يحدد للمادة هدف عام، يشتق منه عدة أهداف سلوكية فرعية- على مستوى المادة.

وتنقسم المادة التدريبية إلى عدة وحدات تدريبية، بحيث تكون كافية لتغطية كافة محتوياتها، ولكل وحدة هدف سلوكي- على مستوى الوحدة- وهو واحد من الأهداف التفصيلية للمادة التدريبية.

وتحتوي كل وحدة تدريبية على مكونات ثلاثة- وقد تقتصر على واحد منها- وهـي المعارف، والمهارات، والاتجاهات.

تنطوي المعارف على كل النواحي النظرية المرتبطة بالوحدة التدريبية. وعليه يمكن الرجوع إلى المراجع النظرية، لإعداد هذا المكوّن.

ويتعلّق جانب المهارات- إكساب- تنمية، بكيفية الاستفادة من القدرات المتاحة للمتدرب، عـن طريق التطبيق للارتقاء بالمستوى المهاري، ويمكن بَلورة هـذا المكوّن في التطبيقات، والـتمارين، والممارسات الحية، والزيارات وما إلى ذلك.

ويشير إلى جانب الاتجاهات إلى توفير اعتقادات للمتدربين في المثل والقيم التي يجب توفرهـا في العمل، وإلى تغيير ما يعتقدون فيه، أو تعديل تفضيلاتهم، أو تقبّل آراء جديدة، ويتم ذلك من خلال الصياغة الملائمة للجانب المعرفي، وبـث ذلك في الجانب التطبيقي، فعـلى سـبيل المثـال تمـرين سلـة القرارات للمدير، تختلف أولويات التعامل من فكرة اتجاهية إلى فكرة أخرى، فعنـد صياغة التطبيق وإعداد أسلوب الحل يمكن أن يتسرّب الاتجاه.

وتأسيساً على ما سبق، فقد تم تشكيل المادة التدريبية- وكافة المـواد مثلهـا- كنهايـة للمطـاف، بعد التعرّف السليم والصحيح على الاحتياجات التدريبية، وبَلورة وصياغة وتفصيل الأهداف السـلوكية، ومعرفة الموضوعات، وتجميعها في مواد، وتقسيم كل مادة إلى وحدات تنطوي عـلى مكونـات معرفيـة، ومهارية، واتجاهية.

الطرق التدريبية:

يستخدم المدرب طريقة أو أكثر وفقاً للبرنامج التدريبي، ولمستويات المتدربين حتى يستطيع أن يوصل إليهم- المتدربين- الأفكار النظرية، والتطبيقات والحالات العملية، والآراء والأفكار والمعتقـدات الاتجاهية، وتتعدد هذه الطرق.

والجدير ذكره أن كل هدف سلوكي من الأهداف سابق الإشارة يصلح معه طريقة أو أكثر، ويمكن الرجوع لذلك من خلال المبحث الثالث، وعموماً ستتحدد الطريقة الواجب اتباعها من قبل المدرب في صلب البرنامج التدريبي.

* المساعدات التدريبية (تكنولوجيا التدريب):

تلعب المساعدات الوسائطية دوراً أساسياً في توصيل المادة، وتقريبها إلى ذهن الملتقى المتدرب، ولقد أفرزت القرائح وسائط تكنولوجية متعددة منها السبّورات الحائطية، العادية والبيضاء والممغنطة والورقية، واللوحات الورقية، واللوحات الخشبية والمعدنية التي يرسم عليها الأشكال، والفيديو، والعاكس الخلفي OverheadProlector والمجسّمات، والنماذج الحية، والكمبيوتر.

المتدربون:

بادئ ذي بدء يجب التفرقة بين البرامج النمطية المتكررة، سابقة الإعداد والتجهيز، وبين البرامج الخاصة.

تعدّ البرامج النمطية بواسطة الخبراء الأخصائيين، من خلال دراستهم للسوق السياحي مثلاً، وعادةً ما تكون برامج متكاملة، برنامج مستقبل ثانٍ، ثم برنامج مستقبل أول، ثم برنامج مستقبل رئيس استقبال، وتستخدم هذه البرامج عند التعيين الجديد، والنقل، والترقية، وتصلح هذه البرامج لكافة المنظمات الفندقية.

وتجهّز برامج خاصة لمنظمات بعينها، ولوظائف دون غيرها، بناءً على طلب هذه المنظمات، وهاهنا يقوم المختّص بتصميم البرنامج المتسق تماماً مع الاحتياجات.

وتأسيساً على ما سبق، فإن المتدربين في البرامج النمطية المتكررة في جميع المنظمات، من حقهم الالتحاق بالبرنامج المختار طالما توافرت فيهم الشروط، وأما البرامج الخاصة فلها متدربين بعينهم تحددهم المنظمة التي طلبت البرنامج.

المدرِّبون:

تحدد الخطوات التصميمية السابقة نوعية المدربين اللازمين للبرنامج وعادةً ما تتعاقد وحدات التدريب في المنظمات بكافة أنواعها، أو المنظمات التدريبية المتخصصة مع أساتذة الجامعات والمعاهد، ومع الخبراء والمتخصصين في المجالات المختلفة، طالما كانت لديهم القدرة والمهارة على التفاعل، ونقل خبرات محددة للمتدربين.

والجدير بالذكر، أن كل برنامج له نوعية من المدربين تصلح معه، فبرامج التنمية للإداريين من مستوى الإدارة الوسطى والإدارة العليا، تميل إلى التكثيف المعرفي والاتجاهي، فيصلح معها أساتذة الجامعات والمعاهد العليا، وأما من دون ذلك فتحتاج إلى زيادة التركيز على الجانب المهاري، فيفضّل الخبراء من الممارسين والتطبيقيين.

مكان التدريب:

يختار المكان الذي سيتم فيه التدريب، وقد يكون داخل المنظمة، أو خارجها، سواء في المنظمة التدريبية أو إحدى القاعات المؤجرة في أحد الفنادق، ويلاحظ أن ترتيب الطاولات والمقاعد بالشكل الذي يتناسب مع محتوى التدريب.

زمن التدريب:

يعد جدول التدريب بعد اختيار الفترة الزمنية التي تتناسب مع المدربين، ويتضمن كل ما يتعلق بالبرنامج من الناحية الزمنية: الأيام، وعدد جلسات كل يوم، وفترات الراحة، وموعد التسجيل، وموعد الاختبارات.

موازنة التدريب التقديرية:

يحتاج التدريب إلى تكاليف في نواحٍ متعددة، وهي مكافآت المدربين، والباحثين، والمستشارين، وأجور المشرفين على التنفيذ، وإيجار القاعات، ونفقات المساعدات

التدريبية من أقلام وأفلام وأوراق، وأيضاً حقائب المـدربين، وحقائب المتـدربين، والإعلانـات، والشهادات، وغير ذلك من أشياء يمكن أن تطرأ.

وتحديد التكاليف السابقة سيعطي فكرة واضحة عن كل بنـد مـن البنـود السـابقة، حتـى إذا ارتأت وحدة التدريب بالمنظمة الفندقية تخفيض التكاليف، فسوف تعرف أي البنود يمكـن أن يحـدث فيه ذلك، وهناك أيضاً تحديد قيمة اشتراك المتدرب ومن ثم تغطية تكاليف البرنامج.

4. تنفيذ البرنامج:

تتولى وحدة التدريب في المنظمة وضع البرنامج الذي تم تصميمه في ضوء الأهداف موضع التنفيذ، عن طريق عدة خطوات كما يلي:

- تلقى مستندات الاشتراك في البرنامج.
- تجهيز القاعات بالشكل المطلوب للبرنامج (أنظر الشكل رقم 9-2).
- توفير المادة العملية- حقائب المدربين وحقائب المتدربين.
- توفير المساعدات التدريبية، والتأكد من صلاحيتها للأداء.
- تسجيل المدربين في اليوم الأول، وضبط الحضور والغياب طوال أيام البرنامج.
- تذليل العقبات والمشاكل التي تطرأ يومياً، وصولاً بالبرنامج إلى برِّ الأمان.
- تجميع كافة وثائق ومستندات البرنامج، وتسليمها إلى إدارة المنظمة الفندقية.
- تسليم المدربين مكافآتهم عن الجلسات التدريبيـة، بشـكل لائـق ومحـترم ويفضل عقب الجلسـات مباشرة لكل منهم.

* تقييم البرامج التدريبية:

لعلّ المتابع لموضوع التدريب يلّمح الجانب الإداري، والذي تمثّل في تحديد الأهداف والتخطيط التصميمي، وإعداد الموازنة التقديرية والتنفيذ. وعليه تتبقى عملية

الرقابة للتأكد من مدى تحقيق الأهداف، ويمكن تحقيق ذلك من خلال تحديد معايير فعاليـة التدريب، واستراتيجية التقييم.

* معايير فعالية التدريب:

يسعى التدريب إلى إحداث تغيير في سلوك الفرد، ولذلك كيف نعرف أن هذا التغيير قد حدث، إلا من خلال تنمية مجموعة من معايير ليتم القياس عليها، وهي:

1. رأي المتدرِّب:

تصميم استمارة استبيان بمجموعة من الأسئلة المعيارية، التي تُغطّي الأوجة التي تحدد ملامح فعالية التدريب، وتوزّع على المتدربين في نهاية البرنامج التدريبي، وبعد جمعها تقوم وحدة التدريب بتفريغها وتحديد مدى الفعالية الحادثة من البرنامج التـدريبي. وسـيلة سـهلة ولكنهـا خاضـعة لمـدى إدراك المتدرب لأثر البرنامج، والذي قد يكون بعيداً عن الأثر الفعلي للبرنامج التدريبي.

2. الاختبارات:

يعقب الوحدات التدريبية اختبارات تقيس مخزون الذاكرة للفرد المتدرب، وهي وسيلة موضوعية ولكنها تقيس التذكر، وليس السلوك الفعلي.

3. السلوك الأدائي الفعلي:

يرصد الرئيس سلوكيات الفرد الأدائية بعد عودته من البرنامج التدريبي، ويتم ذلك مـن خـلال قوائم تعدّ خصيصاً، أو الملاحظة العلمية الأدائية، وسيلة أكثر فعالية في قياس الأثر التدريبي.

185

4. الناتج التنظيمي:

يحدد المعيار بمدى التغيير الإيجابي في النواتج التنظيمية مثل زيادة عدد الليالي الفندقية، قلة معدّل دوران العمل، قلة معدّل الغياب، زيادة عدد الأطباق المباعة في المطعم، وهكذا يقيس الأثر المباشر للتدريب، ولكن قد تتدخل عوامل أخرى غير التدريب.

* استراتيجيات التقييم:

يمكن تنمية أربع استراتيجيات، يتم الاختيار من بينها وفقاً لظروف البرنامج التدريبي.

1. الاستراتيجية البعدية:

تطبّق المقاييس المبيّنة على المعايير المحددة سلفاً، على المتدربين في نهاية البرنامج التدريبي، استراتيجية لا توضح مقارنة، ولا توضح أثر التدريب بدقة.

2. الاستراتيجية القبلية البعدية:

يقاس الأداء قبل التدريب، ثم يقاس الأداء بعد التدريب بأي وسيلة، فمثلاً يعطى الفرد المتدرب الاختبار قبل أن يتلقى أي تدريب، ثم يعطى الاختبار في نهاية التدريب، ويتم قياس الفرق. استراتيجية تقيس التغيير وهي أفضل من سابقتها.

3. استراتيجية المجموعة الضابطة:

تشكّل مجموعة من الأفراد لم تتلق التدريب، ولكنهم يتماثلون تماماً مع المجموعة التي تلّقت التدريب، ويطبّق على المجموعتين الاختبارات في نهاية الفترة التدريبية، ومن ثم يمكن قياس الفرق بين سلوكي المجموعتين، وإرجاع الفرق إلى التدريب. استراتيجية أفضل نسبياً من سابقتها، ولكن ليس بالضرورة أن الفرق عائد على التدريب.

4. استراتيجية القبلية البعدية مع المجموعة الضابطة:

بعد تحديد المجموعة الضابطة كما أسلفنا، والمجموعة التي ستتلّقى التدريب، يتم تطبيق الاختبارات عليها قبل التدريب ثم بعد التدريب، وبذلك تتوفر معلومات عن التغير، فإذا كان أكبر على مجموعة التدريب من المجموعة الضابطة، كان ذلك مؤشراً على فعالية التدريب، والعكس صحيح. تعتبر هذه الاستراتيجية الأكثر فعالية.

وفيما يلي تجميع للفعاليات التدريبية الفندقية من خلال الشكل التالي:

الفعاليات التدريبية

* طرائق التدريب:

يلجأ المدرب إلى طريقة أو أكثر - بأسلوبه- وفقاً للبرنامج التدريبي، ولمستويات المتدربين، حتى يستطيع أن يصل إليهم مـن ناحيـة، وأن يوصل إلـيهم الأفكـار، والنظريـات، والتطبيقـات، والحـالات العملية، من ناحية أخرى.

وتحتّم الأهداف السلوكية التدريبية، اللجوء إلى طريقة أو طرق بذاتها دون غيرها.

وفيما يلي بعض من أهم الطرق التدريبية:

1. المحاضرة Lecture:

يقال في اللغة حاضر القوم: جالسهم، وحادثهم بما يحضره، والمحاضرة اصطلاحاً هي: عملية تقديم رسالة معلوماتية اقناعية تفاعلية من محاضر إلى متلقين.

وفي إطلاله على التعريف السابق، نجد أن المحاضرة هي مفاعلة بين طرفين، والمفاعلـة تتطلـب التجاوب والمشاركة، فإذا كان الطرف الأول وهو المحاضر وهو المتكلم، فالطرف الثاني هو المتلقين، وهم المنصتون، أي يتفاعلون مع المتكلم بحسن الإنصات واستقاء المعلومات، وهضمها، وتمثيلها- فيما بعد- سلوكياً.

ويتحكم في فعالية المحاضرة عدة متغيرات موقفية، مثل درجة إتقان ومهارة المحـاضر، وتمكّنـه من مادته، وحجم المتدربين، فكلما قلّ عددهم كانت المحاضرة أفضل، وعنصر الوقت كلـما قـل، كلـما تلاشى الملل، ونوعية المادة التدريبية، فكلما اعتمدت على معلومات يمكن استيعابها عن طريق الملتقـى المباشر، فالمحاضرة فعّالة.

وتمتاز المحاضرة، باللقاء المباشر بين المحاضر والمتدربين، وخاصة إذا كان المحاضر من النجوم من مجاله، وقلة تكليفها، وسهولة الإعداد والتنفيذ.

ويعاب عليها الملل الذي ينتاب المتلقين، وعدم المشاركة الفعالة من المتدربين طالما كانوا من المستمعين، وليسوا من المنصتين، وصعوبة توفر المحاضرين المتمكّنين من حالاتهم، والذي يمتلكون الأداء الصوتي والحركي اللازم للمحاضرة.

وهناك من يرفض المحاضرة كطريقة من طرق التدريب، على الرغم من سيادتها في المجالات التدريبية المختلفة، ربما لسهولتها وقلة تكلفتها، ولكنها بحاجة لمقومات.

مقومات نجاح المحاضرة:

يتطلب نجاح المحاضرة التعرّف على المتدربين، من حيث مستوياتهم التعليمية، والوظيفية والسابقة التدريبية، حتى يتم تحليل الهدف العام للتدريب، والأهداف السلوكية، وإحداث عملية توفيقية بين المادة التدريبية والأهداف والمتدربين.

وأن يتوّفر للمحاضر الأسلوب الشيّق والجذّاب، والتوافق الصوتي الحركي، مما يبعد شبح الملل عن المتدربين، مع الوضوح التام للمحتوى، والتسلسل والترابط المنطقي، وأن تشبع المحاضرة حاجات ورغبات المتدربين.

ويتمكن من تسجيل نقاط، يمكن الاسترشاد بها والرجوع، وذلك بجانب حقيبة المتدربين، بمعنى اكتساب معارف جديدة فيها إبداع من المحاضر.

2. **المحاكاة العملية** Guided Experience:

يعبّر عن المحاكاة بالتقليد، والتقليد هو أداء ذات السلوك المشاهد في حالة وعي من المقلد، ووفق هذه الطريقة يقوم المدرب بالعرض التفصيلي للأداء المطلوب، وإجراءاته، ثم يطلب من المتدرب أن يؤدي نفس السلوك، ولعلّ أفضل من يستخدم هذه الطريقة هم مديرو القوات المسلّحة، حيث يعرضون السلوك المطلوب على خطوات، ويطلب من المتدرب أداء كل خطوة على حدة، ثم التالية بعد إتقان الأولى

وكذا، وأخيراً أداء كل الخطوات مع بعضها. وتناسب هذه الطريقة الأعمـال اليدويـة؛ والإنتاجيـة التـي تحتاج إلى مهارات يدوية.

وتمتاز هذه الطريقة بإكساب المهارات التي تعتمد على التوافـق العضـلي العصـبي، مـن خـلال المدرب الذي يلاحظ المتدرب، ولا ينتقل معه من خطوة، إلا بعد إتقانها. وعليه ضمان انتقـال المحتـوى التدريبي.

ويعاب عليها، تطلبها لوقت أطـول نسبياً، وعنـد تبـاين مسـتويات المتـدربين، يـزداد الوقـت ويتسرب الملل على المتدربين، كما أنها تطبع المتـدربين بـأداء المـدرب، وكـأنهم نسـخة منـه، ممـا يولـد الإبداع والابتكار.

3. تمثيل الأدوار Role Playing:

يشير إلى التمثيل إلى إتيان صورة سلوكية لشخصية محددة، والدور هو كل التوقعات السـلوكية المتوقعة ممن يشغل وظيفة معينة.وعليه يقوم المدرب بإعداد سيناريو لموقف وظيفي، ويـوزّع أدواره على بعض المتدربين، ثم يساهم بقية المتـدربين التمثيليـة، ويقومـون بـالأداء المـوازي إلا وهـو النقـد، والتحليل، واستخلاص النتائج التي تتسق أو لا تتسق مع الأهداف التدريبية.

وتصلح هذه الطريقة مع المتدربين الذين يعملون في مجالات تحتـاج إلى التفاعـل المبـاشر مـع الغير، وهم عادةً العملاء مثل موظفي البيع، ومـوظفي العلاقـات العامـة، ومـوظفي المـوارد البشـرية الذين يتفاعلون مع الموظفين في المقابلات.

ةتتيح هذه الطريقة المشاهدة الحيّة للمتدربين، لكيفية التصرفات الإنسـانية في الحـالات التـي أعدّت لها هذه التمثيلية، وتوفر لهم فعاليات النقد والتحليل وابداء الرأي.

ولكن قد لا نجد بين صفوف المتدربين من يستطيع أن يجد الموقف التمثيلي بشكل واقعي، وقد لا تجد التمثيلية المواقف الفعلية، كما أن المواقف الحياتية الوظيفية في تغيّر مستمر، بحيث أنها أسبق باستمرار لما يجري في التدريب.

4. دراسة الحالة Cast Study:

تعرف الحالة بأنها الصفة التي تتسم بها مشكلة معينة، أو موضوع معين في مجالات العمل الوظيفي الواقعي.

ويطلب من المتدربين تعاطي الحالة فهماً وتحليلاً، ونقداً، وتقديم الحلول الناجحة. وتصلح هذه الطريقة مع المتدربين في المستويات الإدارية، من الوسطى فيما فوقها، حيث تتجلّى فيها عمليات اتخاذ القرارت.

وتوفر هذه الطريقة- كمزايا- جوانب تطبيقية واقعية- عندما تعكس الحالة الواقع تماماً- وتساعد على تفعيل عملية صنع واتخاذ القرارات للمتدربين، حيث أن القرارات سمة أساسية للإداري.

ولما كانت تحتاج إلى تحضير جيّد من قبل المتدربين، ومساهمة فعّالة مع المدرب، فإن هناك من المتدربين من يتقاعس عن بذل الجهد المطلوب، ومن ثم تفقد هذه الطريقة مقوماتها.

مقوّمات نجاح دراسة الحالة:

إن التعامل مع الحالة- كالواقع- ليس بالأمر السهل، حيث تتطلب خبرة وهي تكسب بالمران، وبتكرار المشاكل، والتعامل معها، وللتعامل الجيّد مع الحالة لا بد من اتباع ما يلي:

- تحديد المشكلة أو الموضوع الرئيسي، والتعريف الجديد لهما.

- تحديد العناصر الرئيسية للمشكلة أو الموضوع.

- تحليل كل عنصر من هذه العناصر تحليلاً دقيقاً، واستنتاج الأدلة التي تدعم هذا التحليل.

191

- الوصول إلى قرار واضح ومحدد، لكل عنصر- من عناصر الموضوع أو المشكلة، ثم استخدام هذه القرارات الفرعية، في تكوين القرار الشامل.

5. **تدريب الحساسية** Sensitivily Trading:

يقال في اللغة أحسن الشيء وبه: شعر به وعلمه، والحاسة قوة طبيعية لها اتصال بأعضاء الإنسان، وبها يدرك ويفسّر المثيرات، وفي الاصطلاح فالحاسة هي العضو المستقبل الناقل، والحساسية على وزن الفعالية، وهي هاهنا بمعنى مدى الاستجابة للمثيرات الحياتية.

وعليه فتدريب الحساسية يعني توفير المعارف واكساب المهارات عن طريق شعور الفرد الذاتي بما ينقص من كليهما، عن طريق تفاعله السلوك مع الآخرين.

وتصمم الوحدة التدريبية لـ (تدريب الحساسية) وفق إجراءات تتمثل في اختيار مجموعة من الأفراد (20 فرد على الأكثر) من منظمات متعددة، لا يعرفون بعضهم بعضاً، ويتعارفون دون الافصاح عن المهنة أو الوضعية الوظيفية.

ويتعايش هؤلاء الأفراد مع بعضهم لمدة خمسة عشر يوماً، وتتضح لكل فرد عيوبه عندما يُنبذ أو ينقد، ومزاياه عندما يثاب بالتقرّب والتفاعل معه، وهكذا لكل فرد من أفراد المجموعة التدريبية.

وبعد تبّصر كل فرد لذاته، وستختلف درجة التبصّر- مدى الاستجابة- من فرد لآخر، يقوم بإجراء فعاليات التقويم الذاتية.

وتتسق هذه الطريقة مع الأفراد الذين يحتلّون المستويات الوسطى في التنظيم، حيث أنهم من الممكن أن يعبّروا عن ذواتهم، ويتفاعلوا مع غيرهم دون خوف أو وجل.

ويتيح تدريب الحساسية الفرصة للفرد ليرى نفسه في عيوب الآخرين، ويدرك ذاته من خلال فعاليات مدركاتهم عنه، وبالتالي تفاعل تقويمي جيّد، نابع من ذات الفرد.

ولكن تتوقف هذه الطريقة على مدى الاستجابات السحية، فقد تكون قوية، وقد تكون ضعيفة، ومن ثم لا فائدة من التدريب. كما أن تشكيل المجموع قد يأتي بمجموعة من الأفراد على شاكلة واحدة، وهنا أيضاً تنعدم الفائدة من هذا التدريب، ويبقى الجزء الأخطر، إلا وهو ظهور فائدة يملك التأثير على المجموعة، وقد يأخذ المجموعة إلى وجهة ليست بالقومية.

وقد لا يترك الأفراد المتدربون أنفسهم على سجيّتها، ويتصرّفون بحرية كاشفة عن مدركاتهم، أي أنهم يمثلون.

6. سلة المعاملات In Basket:

عادةً ما يبدأ المديرون اليوم الوظيفي، بالإطلاع على ما ورد إلى مكاتبهم من بريد سواء من داخل المنظمة، أو من خارجها، وعليهم بحث هذه المعاملات الواردة واتخاذ القرارات المناسبة، وذلك في أوقات قياسية، لأن هذه المعاملات الواردة هو شرارة البدء في الأداء بالمنظمة.

وتعتمد هذه الطريقة على إعداد ملفات- لكل دارس ملف- بها مجموعة من المعاملات حين سابقة، وشبيهة بالحية، وتقدّم للدارسين، ويطلب من كل منهم أن تحدد أنسب تصرّف لكل معاملة.

وتصلح هذه الطريقة لكل من يشغل منصب إداري، من المستوى الأوسط فيما فوق، تدريباً لهم على حسن التصرّف الكفء.

وتمتاز هذه الطريقة بأنها تقترب من الواقع كثيراً، وتتعلّق بالجانب المهاري سواء الاكتسابي أو التنموي.

ولكن قد يشعر المتدربون أنهم في قاعة تدريب، وليسوا في مكاتبهم، من ثم عدم الجدية في الأداء التدريبي.

7. **الوقائع الحرجة** Critical Incident:

يعبّر عن الوقائع بالأحداث، والحدث هو الفعل الذي له فاعل، وزمان، ومكان، والحرج لغة كل ما يحمل ضيق ومشقة والصعوبة.

وعليه فالوقائع الحرجة هي تلك الأحداث التي يتعرّض لها الإنسان وشعر خلالها بالضيق والمشقة والألم، ومن ثم قاومها.

وترتكز هذه الطريقة على الدقائق الحرجة التي يسوقها المدرب في الموضع التدريبي المناسب، أي في الموضوع التدريبي سواء في المعارف أو المهارات، كما يطلب من المتدربين ذكر الوقائع الحرجة التي تعرضوا لها- أيضاً في الموضع المناسب- ثم تستخلص النتائج من هذه الوقائع، عن طريق التأصيل العلمي لها بمحتوى المادة التدريبية.

تصلح هذه الطريقة للمستويات التنفيذية، حيث يُتاح لهم التدريب ببث ما يشعرون حيال الموضوع التدريبي، وقد استخدم الكاتب هذه الطريقة مع طريقة المحاضرة وفي البرامج النمطية مثل السكرتارية والأعمال المكتبية، وأتت أوكلها. واستفاد المتدربون مع شعورهم بذاتهم.

8. **المباريات الإدارية** Business Games:

تعتبر المباراة مفاعلة ونزال بين طرفين متنافسين، وهنا المفاعلة في النواحي الإدارية، أي التي تحتّم اتخاذ القرارات.

وتشاد هذه الطريقة على وجود فريقين متنافسـين مـن المتـدربين، ويقـدّم لكل منها محتـوى المباراة، والذي يتعلّق بكافة نشاطات المنظمة: التسويقية، والإنتاجية، والمالية، والموارد البشرية، ويحدد لكليهما دوره.

وحتى تنجلي فكرة المبـاراة الإداريـة، تعـال نشـاهد مبـاراة في الشـطرنج أو الطاولـة، أو أوراق اللعب بين طرفين، سنشاهد أن فعل الطرف الأول، يقابله فعل منافس من الطرف الثاني، وهكذا طيلـة وقت المباراة. وهذا ما يحدث تماماً في المباريات الإدارية.

وقد تكون المباراة بين اثنين فقط من المتدربين، عندما تتبلور في موقف يتنازعه طرفان، يحاول كل منهما تعظيم عوائده باختيار البدائل المثلى، وذلك على حساب الآخر.

وهناك مباريات بين طرفين جمعيين، وهي ذات مواقف متعددة ومتشابكة حتى يدلي كل فـرد في مجموعة بدلوه وفي تخصصه، ويتم تجميع هذه الآراء عن طريق منسّق المجموعة.

وعند تصميم محتوى المباراة التدريبية يمكن أن يأتي على شكل المباراة الصفرية، أو يأتي على شكل المباراة غير الصفرية.

وتسمى المباراة بالصفرية، عندما العائد الإيجابي الذي يصيبه طرف، مساوٍ وتماماً للعائد السلبي الذي يلحق بالطرف الآخر. وعليه، فالقيمة النهائية أو الإجمالية للمباراة صفراً.

وتوسم المباراة بأنها غير صفرية، لأن ما يذهب لطرف من عائد، لـيس بالضرورة عـلى حسـاب الطرف الآخر، وبالتالي يكون لكل من المتبارين نصيب مـن المكسب أو الخسـارة بقـدر، أي لـيس مـن الضروري المناصفة.

وتصلح هذه الطريقة لشاغلي وظائف الإدارة العليا، أو المرشحين لها، حيث اعتمادها على عملية صنع واتخاذ القرارات.

وتحقق هذه الطريقة سبل تنمية المهارات القرارية، بالتدريب على مواقف شبيهة تماماً بالمواقف الحياتية العلمية، دون التعرّض للمخاطر التي يمكن أن تصيب المنظمة، إذا قام المدير- مضطراً- إلى اتخاذ هذه القرارات دونما تدريب.

ولكن تحتاج هذه الطريقة إلى تصميم محتوى للمباريات تتناسب مع المتدربين من حيث المشكلات التي تعترض وظائفهم، وتتناسب مع بيئات أعمالهم، وأيضاً قد لا تحقق القدر الكافي من النجاح خاصةً في المباريات الجمعية، لأن بعض الأفراد قد يتقاعسون، ويبعدون عن الجدية المطلوبة.

9. **الاجتماعات** Congerence:

يشير الجمع إلى اثنين ضموا إلى بعضهم تلقائياً، ولكن اجتماع تساوي الجمع ولكن هناك نية وقصد، هذا في اللغة، واصطلاحاً في الاجتماع اثنين أو أكثر يلتقوا بنية اتخاذ القرار، سواء تنفيذياً أو استشارياً.

وتبنى هذه الطريقة على تشكيل اجتماع من المتدربين، لبحث مشكلة أو موضوع معيّن، وصولاً إلى قرار فيه؛ ويلعب المدرب دور الموجّه والمرشد، وربّما المشارك في الاجتماع.

وتكاد تكون هذه الطريقة، هي الأنسب في تدريب نشطاء الإدارة العليا وحتى درجة وكيل وزارة، حتى تنجلي المهارات القرارية.

وتوفر التدريب الجيّد على الممارسة الديموقراطية الإجرائية في مجال الإدارة، بحيث يساهم كل متدرب برأيه، ويستمع وينصت للرأي الآخر من زميله، حتى لو كان مناقض تماماً لرأيه.

ولكن تحتاج إلى أساس تربوي ديموقراطي- مناخ اجتماعي ديموقراطي أصلاً- وإلى أفراد لديهم سعة لقبول الآخر، ومعرفة أصول إدارة الاجتماعات وتحديد الأدوار، وضبط الأداء داخل الاجتماع، ولعلّ هذا مضمن في دور المدرب كما أنها لا تصلح إلا مع الأعداد الصغيرة في حدود تسعة أفراد- كمجلس إدارة مثلاً.

* رؤية:

لقد استعرض هذا الفصل تسع طرق تدريبية، يتوسّل بها المدرب، حتى يحقق أهدافه التدريبية. ويخطئ من يظنّ أن هناك حدوداً قاطعة، وفواصل قاسمة بينها، تجعل المدرب يستخدم طريقة نقدية منها؛ لأن المواقف التدريبية المتنبأ بها عند الإعداد، والمواقف التدريبية الحالة عند الأداء، ستفرض استخدام الخليط المتسق معها ؛ ولعلّ في ذلك مهارة المدرب، ومن ثم فعليه- المدرب- التسلّح بها، وعليه أيضاً الإبداع في استخدامها.

وعُنوّن هذا الفصل بـ (طرق التدريب)، وفي كتابات أخرى- لزملاء- يُعنّون بـ (أساليب التدريب)؛ ولعلّ ما يطرأ على الذهن حالياً، هل هي طرق؛ أم أساليب؟.

والطرق جمع طريق والذي هو الممر الواسع وهذا لغة، والاصطلاح فهو المسار الواسع الكبير، الذي يستخدم للسير بلوغاً للهدف.

وأما الأساليب فهي جمع أسلوب، والأسلوب من مادة سلب، أي انتزع، ويقال سلب ثوبه، أي الشيء الخاص به، ولا يصلح لغيره، لأنه على مقاسه تماماً؛ وهذا ما أفضت به اللغة، وفي الاصطلاح فهو الشيء الذي يختصّ به الفرد دون غيره، ويمتاز به ويُعرف به.

وتأسيساً على ما سبق- في رأي الكاتب- فإن الطريق عام، يحدد المسار ويقود إلى الهدف، ويلجه الكافة طالما امتلكوا قدراته ومهاراته. ولكن الأسلوب يندرج تحت الخاص، فلكلٍ بصمته ومفرداته، ورؤيته؛ وعلى الرغم من ذلك فالكل سيصل إلى ذات الهدف.

ونسوق المثال التالي؛ طريق الكورنيش (26 يوليه) يربط مابين المنتزه ورأس التين، شاهد مستخدمي الطريق- هناك من يسير على يساره، وهناك من يسير على يمينه، وهناك من بسير في نهره- وهناك من يستقل سيارة خاصة، وهناك من يؤجر سيارة أجرة، وهناك من يذهب على متن حافلة، وأعتقد وأنت أيضاً أنهم- كلهم- سيصلون إلى رأس التين طالما بدأوا من المتنزه.

وعليه فالعنوان (طرق التدريب، أشمل وأصح، وبعد أن يعرف المتلقي الطرق، ويستخدمها ستلّوح إبداعاته وبصمته، ورؤيته، وقدراته، ومهاراته، وعندئذٍ سيكون أسلوباً خرج من رحم الطريقة.

الفصل الثامن

* أنشطة التعويض.
* صيانة الموارد البشرية والمحافظة عليها.

* الخدمات المتقدمة للموارد البشرية:

إن جميع ما يقدم من خدمات ومنافع إلى العاملين في المنظمات تعتبر "تعويض" ولكن بغير مباشر، وعادةً ما تنمح هذه الخدمات للعاملين كأساس تحفيزي، ومن الثوابت التي تجسر العلاقة مضامين الأفراد والمنظمات وهي الأساس في تكوين وتنمية الانتماء للمنظمة والإخلاص في العمل.

وتبلغ نسبة الخدمات والمنافع المقدمة من قبل المنظمات للأفراد ما يوازي 40% من قيمة التكاليف المدفوعة للعاملين.

* مفهوم وأهمية المنافع والخدمات:

Concept and importance of Benefits & Services

مفهوم المنافع والخدمات Benefits & Service Concept:

الخدمات هي: (مجموعة الوسائل العلمية والفنية المتخذة من قبل المنظمة لرفع المستوى المادي والصحي والمعنوي للعاملين، وإيجاد التكيف الملائم بين الموظف ونفسه، وبينه وبين البيئة التي يتعامل معها).

وهي أيضا (عبارة عن مجموعة من المكافآت أو التسهيلات ذات قيمة مادية التي تستطيع أن توفرها المنظمات وتقدمها للعاملين لديها لا سيما وأنها تؤثر في مستوى الأجور) وهذه التعويضات غير المباشرة يتم منحها للعاملين إما بشكل طوعي: من

أجل تحفيز العاملين ورفع درجة الرضا لديهم والمحافظة على روحهم المعنوية. مما يوفر لهم مناخ تنظيمي جيد يسود فيه الاستقرار في العمل.

أو بشكل إلزامي يفرضه القانون: حيث يلزم على المنظمات تحديد الحد الأدنى لأجور العمال والإجازات والأعطال المدفوعة الأجر والتأمين الصحي والاجتماعي للعاملين.

أهمية المنافع والخدمات (المزايا العينية) (Benefits & Services importance):

بغض النظر عن نوع التعويضات الغير مباشرة فإنها تكسب أهمية خاصة في حياة المنظمة. وبسبب إدراك تلك الأهمية نجد بأن المنظمات في الولايات المتحدة الأمريكية أولتها اهتمامها الكبير وخاصة في مرحلة التسعينات من القرن المنصرم وبالعودة إلى العام 1929م تشري إلى أن المنظمات آنذاك كانت تدرك بأن هذه المنافع تشكل تكاليف تضاف إلى التكاليف الإجمالية للموارد البشرية والتغير في فلسفات المنظمات الأمريكية، إذ نجد بأن هذه المزايا شكلت 34% تغيرت تلك النظرة مع التغير في حاجات ورغبات وقيم الموارد البشرية والتغير في فلسفات المنظمات الأمريكية، إذ نجد بأن هذه المزايا شكلت 35% من مجموع نفقات الموارد البشرية في العام 1990م والمقارنة بـ 5% في العام 1929م والمقارنة البسيطة لأرقام الأجور والرواتب في الولايات المتحدة الأمريكية تؤكد بأن المبالغ المصروفة على الأجور والرواتب تزايدت 400 ضعف في الـ50 سنة الماضية، بينما تزايدت قيمة المنافع والمزايا غير المباشرة 500 مرة.

وتعم الحالة أعلاه على جميع المنظمات في العالم ذلك لأن هذه المزايا والمنافع تحتل أهمية كبيرة لدى الأفراد العاملين ويمكن أن توجه لتحقيق الأهداف الثانوية الآتية:

1. جذب موارد بشرية جيدة.
2. تقليل معدلات دوران العمل وتحقيق استقرار في قوة العمل.
3. تحفيز العاملين عن طريق زيادة معنوياتهم وتحسين ولائهم لعملهم ولمنظماتهم.
4. تعزيز صورة المنظمة بين العاملين فيها وفي مجتمع الأعمال وبالرغم من أن واقع الحال يشير إلى عدم تحقيق أغلب الأهداف المشار لها أعلاه، إلا أن السبب لا يكمن في المنافع والخدمات وإنما يمكن أن يرتبط بالمشكلات الآتية:

أ. سوء اختيار المنافع والخدمات وعدم كفاءة إدارة وتوجيه استخدامها، تظهر هذه المشكلة واضحة في المنظمات التي تعاني من انخفاض الإنتاجية على سبيل المثال بسبب عدم المواءمة بين الفرد والوظيفة وليس بسبب افتقار المنظمة للخدمات والمنافع.

ب. عدم التزام المنظمات بالمنافع والخدمات التي تعلن عنها في مرحلة الاستقطاب للموارد البشرية مما يخلق الفجوة لدى الداخل الجديد بين توقعاته وبين ما يجده فعلا في داخل المنظمة.

ج. شكلية بعض المنافع والخدمات وبالذات الصحية والاجتماعية فقد تعلن المنظمة التزامها بتوفير الخدمات الطبية ولكنها لا تمتلك المركز الصحي.

د. شعور الأفراد العاملين في المنظمة بأن هذه المزايا واجب على المنظمة وجزء من مسؤولياتها الاجتماعية تجاههم وتجاه المجتمع، فمثل هذا الشعور يقلل من أهمية الميزة أو المنفعة ويجعلها جزء من الالتزامات المالية وليس على سبيل المكافأة لذلك فإن أثر التعويضات غير المباشرة يكاد أن يكون ضئيلا أو غير موجود إذا لم تدرك المنظمة أهمية التعويضات وتحسن اختيارها وتجيد في إدارتها وتوجيهها. هذا يعني بان الميزة أو المنفعة تصبح غير ذات جدوى إذا لم توجه إشباع حاجة إنسانية قد تتباين درجة أهميتها بين الأفراد العاملين ولكنها على الأقل تعتبر ضرورية ومهمة.

* أهداف المنافع والخدمات المقدمة للعاملين:

Objectives Of Benefits & Services Presented to Employees

إن المنافع والخدمات المقدمة للأفراد العاملين تؤدب إلى تحقيق الأهداف الأساسية ومن هذه الأهداف ما يلي:

أ. الأهداف الاجتماعيــــة Social Objectives: تقــدم المنافــع والخدمات مختلف الضمانات المالية للأفراد العاملين وهذه الضمانات تتمثل في التأمينات ضد المرض، الحوادث، والعوق والتقاعد. لقد تزايدت أهمية الخدمات بانتقال المجتمعات من المجتمعات الزراعية إلى مجتمعات صناعية تسعى إلى تطوير التكنولوجيا والحفاظ على قوة العمل في الصناعات المختلفة ودعمها. حيث أن الأفراد العاملين في مثل هذه المجتمعات بحاجة لمثل هذه الخدمات بسبب ارتفاع المستوى المعاشي وظهور التشريعات والقوانين التي تستلزم خضوع الأفراد لها كالتشريعات الضريبية وهذا كله يتطلب ضرورة دعم الأفراد العاملين في كافة المنظمات مادياً من خلال برامج المنافع والخدمات المختلفة.

ب. الأهداف التنظيميــة Organizational Objectives: تهدف المنظمة إلى تحقيق العديد من الأهداف عند تقديها إلى الفوائد والخدمات للأفراد العاملين فيها ومن هذه الأهداف:

- الاحتفاظ والإبقاء على الأفراد الكفوئين في المنظمة.
- الحفاظ على مستوى الأفراد اقتصاديا بما يتناسب مع الظروف الاقتصادية والاجتماعية.
- تقديم الضمانات اللازمة للعاملين ضد المرض والعجز والشيخوخة.
- تقليل معدلات الدوران والإجهاد.
- رفع الروح المعنوية للأفراد العاملين من خلال إشعارهم باهتمام الإدارة بهم.

ج. الأهداف الفردية Personal Objectives: غالباً ما يبحث الأفراد العاملين عـن المـنظمات الـتي تقـدم إليهم المنافع والخدمات المختلفة بسبب انخفاض كلف هذه المنافع والخدمات للأفراد العـاملين قياساً بكلفتها الحقيقية إذا حصل عليها الأفراد من خارج المنظمـة نظـراً لكـون معظـم المـنظمات تدفع بعض أو كل هذه التكاليف، إضافة إلى ذلك فإن الأفراد العاملين يرغبون بالحماية الاقتصادية من مخاطر ارتفاع السـعار نظـراً لكـون هـذه المنافع والخدمات لا تتـأثر بدرجـة كبـرية بارتفـاع الأسعار، فإجازة أسبوعين بمرتب كامل تقل قيمتها عند ارتفاع الأسعار.

* مبررات تقديم الخدمات وأنواعها

:Justifications of Services Presenting & Their Types

مبررات تقديم الخدمات Services justification:

هناك مبررات عديدة تدعو المنظمات إلى الاهتمام ببرامج تقديم المنافع والخدمات وفيما يلي بعض من هذه المبررات:

- أن قوة الإدارة والمنظمة نابغة من قوة العاملين وأن رفاهيتها من رفاهيتهم، لذا فإن تقديم الخدمات المتنوعة لهم هي وسيلة لرفع معنوياتهم ومن ثم زيادة إنتاجياتهم وإنتاجية المنظمة بالتالي.
- الاحتفاظ والإبقاء على الأفراد الكفؤين في المنظمات وتقليل معدلات تركهم لها.
- لا يمكن للمنظمة أن تتجاهل ما تقدمه المنظمات المنافسة في سوق العمل. خصوصاً إذا أرادت هـذه المنظمة استقطاب أحسن الكفاءات البشرية بشكل يتوافق مـع (إن لم يزيد) مـا هـو سـائد لـدى الشركات المنافسة الأخرى.

أنواع الخدمات المقدمة للعاملين Types Of Services:

تقدم الكثير من المنظمات خدمات مختلفة للأفراد العاملين لديها وتتنافس في ذلك فيما بينها وتبتكر أشكال من المنافع فريدة من نوعها أحياناً. وبالرغم من أن التنوع في المنافع والخدمات التي تُصنف ضمن التعويضات غير المباشرة، إلا أننا سنتناول الأكثر شيوعاً منها والتي يمكن أن تشمل:

- **إجازات بأجر كامل:** أصبحت الإجازات Leave of absence بأجر كامل من المزايا الشائعة جداً في منظمات تستخدم العاملين على أساس الزمن بل إن قوانين العمل الحالية تلزم بمنح العامل هذه الإجازات وتحديد أيامها وشروط التمتع بها، فهي حق أساسي للعامل.

والإجازات نوعان هما: **اعتيادية ومرضية**، فالشائع هو منح الموظف عدداً من الأيام سنوياً كإجازة اعتيادية وعدداً آخر إجازة لأسباب مرضية. وهو يتمتع بهذه الأيام ويحصل على أجر كامل عنها، وقد تنص على إجازة مرضية إضافية بنصف راتب إذا احتاج الموظف ذلك. ويتدرج ضمن تلك الإجازات إجازة الأمومة التي تمنحها المنظمات للأم عندما تضع طفلاً (عند الولادة).

وغالباً ما يختلف عدد أيام الإجازات بفئة العاملين فالشائع أيضاً هو أن تكون مدة الاعتيادية ثلاثة أسابيع للعمال وشهراً للموظفين. أما بالنسبة لمواعيد وطرق المتع بالإجازات الاعتيادية فالمنظمات تختلف في ممارستها، فبعض المنظمات تحدد كيف ومتى يتم التمتع بالإجازة الاعتيادية فقد تلزم العامل بالتمتع بها مرة واحدة في تاريخ محدد، أو تسمح بالتمتع بها على وجبات منظمات أخرى. كذلك تختلف المنظمات من حيث اشتراط التمتع بالإجازة: فبعض الشركات تسمح للموظف بأن لا يتمتع بها بل أن يعمل خلالها وتمنحه أجراً إضافياً عن عمله هذا. بينما نرى أن هناك منظمات أخرى تلزمه بأن يتمتع بها ولا تسمح له أن يعمل خلالها لقاء أجر. كما أن هناك

اختلافات بالنسبة لتراكم الإجازات: فبعض المنظمات تلزم الموظف بأن يتمتع بإجازته السنوية سنوياً، فيفقد حقه فيها إذا لم يتمتع بها خلال سنة الاستحقاق، في حين توجد منظمات أخرى تسمح له أن يحتفظ بها، فتتراكم له على مدى السنين. ولكن بالنسبة لأكثر المنظمات التي تسمح بالتراكم غالباً ما تحدد حداً أقصى من الأيام، كأن لا يزيد عن عدد أيام الإجازة المتراكمة والمستحقة براتب كامل أو ثلاثة أشهر.

- **الخدمات الصحية والتأمين على الحياة:** أصبح توفير الخدمات الصحية Healthbenefits واحدة من الخدمات التي تقدمها أكثر المنظمات وقد تضيف إليها ولفئة من الموظفين، التأمين على الحياة Life Insurance بل إن أغلب قوانين العمل تشترط تقديم الخدمات الصحية، خاصة إذا كانت بسبب العمل، إلا أن بإمكان المنظمة أن توفر أكثر من حدود الدنيا التي تشترطها قوانين العمل، وغالباً أيضاً لأسرهم وتختلف سعة الخدمات المقدمة باختلاف المنظمات وكذلك حدودها العليا، ولهذا يجب أن يحدد نظام المزايا الخدمات الصحية وحدودها بدقة.

أما بالنسبة لكيفية تنفيذ المنظمة للخدمات، فهناك طريقتين رئيستين:

أ. صندوق/ حساب خاص Special Fund: يغطي تكاليف العلاج، غلباً ما تقوم إدارة الموارد البشرية بإدارة هذا الحساب بضمنها تحديد الخدمات المقدمة.

ب. إجراء تأمين صحي Health Insurance: للعاملين لدى إحدى شركات التأمين، في هذه الحالة تنحصر مسؤولية المنظمة بالحصول على هذا التأمين، مما يترك قضايا التنفيذ لشركة التأمين.

ج. راتب تقاعدي أو تعويض نهاية الخدمة: هذه الخدمة شائعة أيضاً بل تقرضها أكثر قوانين العمل الحالية، إلا أن قوانين العمل تفرض تعويض نهاية الخدمة End of serviaceBenefit غالباً كمبلغ مقطوع يرتبط بمبلغ آخر راتب وعدد سنوات الخدمة.

فمثلاً قد تحدد مبلغ التعويض على شكل معادلة دقيقة، والشكل المبسط للمعادلة هو:

مبلغ نهاية الخدمة= مبلغ آخر راتبx عدد سنوات الخدمة

وهكذا يحصل العامل على ما يعادل راتبه الأخير عن كل سنة خدمها، تحتاج المنظمة إدارة هذه الخدمة لأنها نوع من أنواع الادخار الإجباري للعامل يتسلمه عند ترك الخدمة. فيه إذا ملزمة بأن تقوم بتجميع هذه المبالغ سنوياً والاحتفاظ بها كاحتياطي، كما يمكنها وعليها استقطاع تكاليفها واعتبارها ضمن مصاريفها العامة السنوية وتختلف تعقيدات الاحتفاظ بالاحتياطي وإدارته بنوع الخدمة المقدمة، عموماً إن إدارة احتياطي آخر الخدمة عي أكثر سهولة من إدارة احتياطي الراتب التقاعدي لذلك تفضل الكثير من منظمات الأعمال أن تنمح تعويض مبلغ مقطوع آخر الخدمة. ولا بد من القول أن إدارة الخدمة تتطلب مساهمة العامل في تكوين هذا الاحتياطي الذي يصبح احتياطي تعويض أجر الخدمة.

أما المنظمات التي تمنح راتباً تقاعدياً Retirement Salary Benefit فغالباً ما تكون وبالإضافة إلى المنظمات الحكومية ومنظمات ضخمة يهمها الاحتفاظ بالعاملين لديها. وبالنسبة لإدارة حساب الراتب التقاعدي، هناك طريقتين شائعتي الاستخدام:

أ. **شراء وثائق تأمين على حياة العاملين** Life insurance:

تمنحهم رواتب على مدى الحياة، هذه الطريقة بسيطة إذا تحصر مهمات إجارية الموارد البشرية بإجراء التأمين وتسديد الأقساط.

ب. **تكوين احتياطي** Reserve Formation:

وإدارته واستخدامه لدفع الرواتب كما لو كانت المنظمة نفسها هي شركة التأمين على الحياة، وهذه الطريقة ملائمة فقط لمنظمة تحتوي على أعداد كبيرة جداً من العاملين وبحيث تصبح إدارة هذا الاحتياطي أقل كلفة من شراء وثائق التأمين على الحياة.

- **خدمات النقل** Transportation Services: تقوم بعض المنظمات بتوفير خدمات نقل مجاناً أو بأجور رمزية للعاملين وهي توفره لكل العاملين خاصة من المستويات الأدنى وكذلك للإدارات العليا، بالنسبة لخدمات النقل لمجموع العاملين يشبع استخدام هذه الخدمة من قبل بعض المنظمات، وفي الظروف التالية:

أ. لأنها تعمل في مناطق نائية وبعيدة عن خطوط النقل العام.

ب. في مراكز مدن، ولكن حيث تعاني خدمات النقل العام من مشكلات الكفاية أو لكونها مكلفة مقارنة مع مستوى أجور العاملين، كما بالنسبة لبعض الدول النامية.

ج. عندما تفرض قوانين العمل توفير هذه الخدمات وهو ما تفعله قوانين العمل في بعض الدول النامية.

والمبرر لهذه الخدمة هو أنها تضمن وصول العاملين للعمل في المواعيد المناسبة كما يثمن العاملون الخدمة لكونها تخفف عليهم صعوبات وتكاليف الانتقال على الرغم من أن التزامهم بخدمات المنظمة يقيد من حريتهم في الانتقال لذلك غالباً ما يفضل هذه الخدمة ذوي الدخول المنخفضة (الدخل الواطئ) والذين لا يستطيعون امتلاك أو تحمل تكاليف سيارة خاصة.

أما بالنسبة لخدمات النقل المجاني للقيادات الإدارية العليا، فهذه غالباً ما تأخذ شكل وضع سيارة فاخرة وسائق بتصرف المسؤول، وقد تسمح له باستخدام الخدمة لأغراض خاصة وليس فقط لأغرض العمل.

والمبرر لهذه الخدمة هو حاجة المسؤول للانتقال لأغراض العمل، وكذلك لكونه يعتبر رمزاً للمنظمة، فتصبح هذه الخدمة مؤشراً عن مكانة وإمكانيات المنظمة. وتختلف المنظمات في مدى توفير الخدمة، فقد تحصرها بالمدير التنفيذي الأعلى، أو قد توفرها لقيادات المستوى الثاني أو حتى الثالث.

ويمكن أن نشمل بخدمات النقل تغطية تكاليف سفر وقدوم الموظف الجديد: فمثلاً، تقوم بعض المنظمات بتحمل تكاليف سفر Travel Cost موظف جديد ينتقل إليها منها من مدينة أو دولة أخرى، فتغطي تكاليف سفره وأسرته، وأحياناً أجور نقل أمتعة. وقد تمنحه أجور سفر لزيارة بلدة، كل عدد من السنوات كانت تتحمل بطاقات سفره وأسرته إلى موطنه مرة كل سنة أو مرة كل سنتين أو ثلاث، وحسب الاتفاق.

- **مخصصات ملابس العمل:** تقوم بعض المنظمات أيضاً بتوفير الملابس للعاملين، خاصة الملابس الضرورية للعامل WorkCloths. وتختلف الظروف التي تستدعي تديم الخدمة والفئات التي تقدم لها. فقد توفر المنظمة الملابس للعمال خاصة إذا كانت تطالبهم بملابس خاصة؛ بل إن أكثر قوانين العمل تفرض توفير بعض الملابس لأغرض السلامة، وحيثما تتطلب ذلك فقد يكون من الضروري أن تكون الملابس بتصاميم معينة تضمن أن لا تعلق بأجهزة خطرة، وتحمي من تعرض لابسها للحرائق أو لأن العمل يعرض ملابس العامل للاتساخ لكونه يتعامل مع الزيوت أو غيرها. كما تحتاج المنظمة أن توفر للعاملين الملابس إذا كان عملهم يستلزم لابساً رسمياً خاصاً، كما بالنسبة للشرطة والعسكريين والممرضين، وحتى الأطباء والعاملين في المختبرات وغيرهم.

كذلك قد تحتاج المنظمة توفير الملابس، أو مخصصات Allowances ملابس بمبالغ كبيرة جداً، للعاملين الذين تريدهم أن يظهروا دائماً بمظهر بالغ الأناقة والتجدد، كما بالنسبة للمذيعين والممثلين والناطقين باسم المنظمة وغيرهم، فلا تكفي رواتب هؤلاء لتغطية تكاليف الملابس والتسريحات التي يتطلبها عملهم. لذلك تقوم هذه المنظمات بمنح هذه الفئة من العاملين مخصصات مالية لتغطية هذه التكاليف.

- **خدمات السكن** Housing Services: توفر بعض الأعمال لعاملين خدمات سكن المجاني، وهذه الميزة شائعة وخاصة للأعمال في مواقع نائية عن المدن الرئيسية وحيث لا يرغب أو لا يستطيع العاملون تأجير أو شراء مساكن فيها.

عموماً تم توفير هذه الخدمات للعاملين ذوي مستويات الأجور الواطئة، وقد تقدم إما عن طريق إسكان العاملين في مساكن تابعة للمنظمة أو عن طريق منحهم مخصصات سكن لمساعدتهم في دفع أجور السكن.

إلا أن بعض المنظمات توفرها أيضاً لكبار المسؤولين فيها خاصةً المدير التنفيذي، وعندما يتطلب دوره مسؤوليات اجتماعية معقدة، كالاستضافة المستمرة للزبائن وأصدقاء المنظمة. وفي هذه الحالة تحتفظ المنظمة بمسكن فخم ينتقل إليه المسؤول وأسرته حالَما يتم تعينه. وينبغي الانتباه إلا أن مزايا السكن لا تشمل مجرد مبلغ الإيجار، بل توفير الأثاث الفاخر وحتى العاملين والخدم وغيرهم.

- **وجبات غذائية** Meals: تقوم بعض المنظمات بوفير وجبة غذائية مجانية أو بأسعار رمزية للعاملين. ويشيع استخدام هذه الخدمة في حالتين، في دول نامية حيث المستوى الصحي للعاملين متدني، وتنحصر الخدمة بالعمال أو في المستويات الأدنى، بل إن كثير من قوانين العمل تفرض توفير وجبة غذائية بمستوى يضمن حصول العامل في اليوم على وجبى صحية واحدة على الأقل.

كما يشيع في المنظمات التي تقدم اعتيادياً وجبات طعام للزبائن والعملاء، فتوسـع ذلك العاملين أيضاً، كما بالنسبة للمستشفيات والمطاعم والفنادق طريقةً أخرى شائعة لتقديم الخدمة هـي إقامة المنظمة لمطعم يقدم الخدمة العالمية، غالباً بأسعار رمزية بسيطة، وقد يكون ذلك لمجموع العاملين، أو قد تقيم المنظمة أكثر من مطعم العاملين ومطعم للموظفين (الكبار).

والخدمة شائعة في منظمات لها عدد كبير جداً مـن العـاملين وساعات عمل طويلة تقتضي ـ تحديد فترة غذاء فتفضل المنظمة ا يحصل العاملون عـلى الغـذاء في مطاعمهـا عوضاً عـن تناوله في المطاعم المحيطة بها.

- **منتجات المنظمة:** تقوم أيضاً بعـض المنظمات بتوفير مجموعـة مـن منتجاتهـا Products، تستخدم الخدمة منظمات تنتج مواد غذائية أو استهلاكية يحتاجها العاملون وهي بأسعار بسيطة، فمـثلاً إذا كانت المنظمة تنتج مواد تنظيف أو أقمشـة أو أطعمـة أو زيوت طعـام.... الخ، غالباً مـا تسمح للموظف أن يحصل شهرياً على كمية من المنتجات بأسعار شبه مجانية.

المبرر لذلك هو لضمان حصولهم على حاجاتهم من المنتجات من دون التعرض لإغراء سرقتها، وكذلك لكون كلفتها على المنظمة ستكون بسيطة جداً.

وإذا كانت المنظمة تنتج منتجات ذات أقيام كبيرة، كأن تنج ثلاجات أو أثاث منـزلي أو غـيره، فقد تسمح للموظف أن يحصل على المنتج بسعر الكلفة، ولمرة واحدة خلال خدمته.

- **التعاونيـة لتـوفير المـواد الاسـتهلاكية:** تقـوم بعـض المنظمات باسـتحداث Comparative للمـواد الاستهلاكية للعاملين وتشيع هذه الخدمة للعاملين في القـوات المسلحة، حيـث تـوفر أكـثر وزارات الدفاع في العالم مؤسسة استهلاكية للعسكريين، غالباً لتوفير لهم مواد استهلاكية وملابس وغيرها.

كما تنتشر في الدول النامية لموظفي الدولة أيضاً، بسبب المستوى المتدني لرواتبهم وتمنح الحكومات هذه التعاونيات إعفاءاً من رسوم الاستيراد كوسيلة إضافة لتخفيض أثمانها.

وقد تقوم المنظمة بمساعدة العاملين لإقامة تعاونية خاصة بهم ف هذه الحالة تسمح لبعض الموظفين فيها بالتفرغ لأعمال التعاونية فتدفع أجورهم على الرغم من أنهم لا يؤدون وظائفهم الاعتيادية.

- **الخدمات التعليمية:** تمثل المزايا التعليمية Benefit Educational خدمة شائعة في الكثير من المنظمات خاصة تلك التي تحتاج عاملين بتأهيل عالٍ وهذه الخدمات تتجاوز ما تقدمه برامج التدريب والتطوير الخاص بالمنظمة.

وهناك عدة وسائل لإدارة هذه الخدمة فبعض المنظمات تلتزم بتسديد بعض أو كامل أجور العاملين، منظمات أخرى قد تسمح لهم بأن يدمجوا بين الدراسة والعمل أي أنها تسمح لهم بالتغيب خلال المحاضرات دون خصم أجورهم، وهنالك منظمات تسمح للموظف بالتغيب خلال المحاضرات دون خصم أجورهم، وهنالك منظمات تسمح للموظف أ يتفرغ للدراسة لعدد من السنوات بأجر كامل أو جزئي، كذلك هنالك منظمات تمنح العاملين قرضاً لتغطية بعض تكاليف الدراسة يسدده بعد إكمالها إما نقداً أو من خلال خدمة لعدد من السنوات...الخ.

- خدمة إقامة في فنادق وشاليهات لقضاء فترات الإجازة: خدمة أخرى شائعة خاصة في الدول الاشتراكية سابقاً وبعض الدول النامية، هي تغطية نفقات إقامة العاملين وأسرهم في الفنادق والشاليهات خاصة أثناء تمتعهم بإجازتهم.

وغالباً ما تكون هذه الفنادق والشاليهات تابعة للمنظمة التي تقدمها خصيصاً لهذا الغرض فمثلاً قد تقيم المنظمة عدداً من الأيام.

- **خدمات ترويحية:** خدمة أخرى شائعة في بعض الدول ولبعض العاملين هي تقديم الخدمات ترويحية Enterainment services للعاملين كسفرات أو حفلات أو غيرها. وقد تكون هذه النشاطات واحدة لمجموع العاملين أو محصورة بفئات محددة، فقد تقيم المنظمة حفلة سنوية خلال الأعياد للعاملين وأخرى لكبار الموظفين أو قد تكون واحدة للجميع كما قد تكون للعاملين فقط أو قد تكون للعاملين وأسرهم.

وتعتبر الحفلة أو السفرة (خدمة أو ميزة) عندما تصبح منتظمة وبحيث يمكن للعاملين التخطيط لها وغالباً لأنها تتضمن أنشطة لا تسمح لهم رواتبهم التمتع بها، قد يتم استضافة فنانين مشهورين لتقديم فقرات في حفلة ما أو قد يتم أخذهم إلى منطقة نائية مشهورة لا تسمح لهم رواتبهم زيارتها.

- **هدايا عينية في الأعياد:** الميزة الأخرى الشائعة هي تقديم هدايا نوعية، وأحياناً راتب أو جزء من راتب في بعض الأعياد المهمة بل إن بعض المنظمات تقيم أيضاً خلال هذه الأعياد أنشطة لتمكين العاملين وأسرهم من الاحتفال بالعيد، كما تجعل من ذلك تقليداً ثابتاً وبذلك تخفف من أعباء العيد عليهم.
- **خدمات رعاية اجتماعية:** بعض الأعمال كالشركات اليابانية مثلاً تقدم خدمات رعاية اجتماعية مختلفة كتوفير خدمات ودعم عند زواج العاملين و/أو تغطية تكاليف ولادة أطفالهم و/ أو حتى تكبد تكاليف وفاة أحد أعضاء الأسرة.

هذه الخدمات تضاف إلى خدمات الرعاية الاجتماعية والاعتيادية والشائعة والتي تشمل تعويض العامل بسبب الإصابة بمرض أو عجز ,ا غيره وهي تقدم الخدمة له شخصياً أو لكل أفراد أسرته، وغالباً ما توفرها المنظمات التي تريد الاحتفاظ بالعاملين وتقليل معدلات الترك وخلق معدلات ولاء عالية.

- **حسابات ضيافة:** تقوم الكثير من الشركات الكبيرة بوضع حساب ضيافة Entertainment account بتصرف بعض المسؤولين ليستخدمه في الأساس لتغطية تكاليف استضافة لزبائن أو غيرهم. وغالباً ما تمنحه بطاقة ائتمانية Credit Card ومبلغ الحساب، من دون مسائلة دقيقة عن كيفية استخدامه. والمبرر لذلك هو استخدام الحساب لتغطية تكاليف دعوات غذاء أو عشاء يقيمها للزبائن، ولدفع تكاليف إقامتهم في الفنادق أو شراء الهدايا لهم أو لغيره كما يرى مناسباً.

وقد تصل مبالغ هذه الحسابات إلى أرقاماً كبيرة جداً خاصة في المنظمات الكبيرة، فقد يكون حساب الضيافة لمدير التسويق 100.000 دينار أو حتى مليون سنوياً، كما كون حساب الضيافة لمدير العلاقات العامة أو مدير العام أضعاف ذلك.

يدرك الكثير من المسؤولين والشركات ضمناً بأن الحساب قد يستخدم لأغراض خاصة أيضاً، ويعتبر وسيلة خفية لمنح هذا المسؤول ميزة عينية إضافية.

- **العضوية في نوادي فاخرة:** يشيع أيضاً بين الشركات الكبيرة دفع تكاليف العضوية في نوادي فاخرة Club membership لبعض المسؤولين وتبلغ رسوم الانتماء والرسوم السنوية آلاف الدنانير. فهناك في الدول المتقدمة اتجاه لإقامة نوادي اجتماعية أو رياضية (أي لممارسة رياضة ما كالتنس أو الغولف أو غيرها) تشترط أجور انتماء عالية جداً لحصر العضوية فيها بالفئات الغنية جداً وبذلك توفر العضوية في هذه النوادي الفرص لإقامة علاقات صداقة مع الأعضاء والذين غالباً ما يكونون من الأثرياء أو المسؤولين في شركات أخرى عملاقة.

المبرر لتوفير هذه الخدمة هو أن هذه العلاقات ضرورية لخدمة المنظمة وإلا أنها تشكل أيضاً امتياز مهم فهي توفر للمسؤول الذي ينتمي إلى هذه النوادي ولأفراد أسرته مزايا اجتماعية ومادية معتمدة.

إن الاستفادة من هذه العضوية لن تبقى محصورة بـأغراض العمـل مـما يجعلهـا ميـزة عينيـة مهمة جداً.

- **خدمات معنوية:** بالإضافة إلى المزايا أعلاه يمكن اعتبار كثير من ظروف العمل المادية هي أيضاً مزايا، فيمكن اعتبار المكاتب الفاخرة والمكيفة والأثاث الفاخر وغيرها من ظروف العمل ميزة مهمة. هذه هي المزايا الأكثر شيوعاً والقائمة مستمرة بالتوسع حسب الدول والمنظمة، ويمكن أن تكون متعددة ومكلفة بالإضافة إلى كونها تتوفر لمجموع من العاملين أو فئة منهم بغض النظر عن وظائفهم وإدارتهم لذلك ومن الضروري تقييمها دورياً وتقدير العوائد التي تحققها ومراجعة التبريرات لها كالافتراض بأنها تزيد الرضا أو تقلل معدلات الترك والدوران وغيرها.

* أدوار التعويضات غير المباشرة Indirect Compensation Roles:

للتعويض غير المباشر المتمثل بالمنافع والخدمات مجموعة من الأدوار التي ترتبط بالهدف الاستراتيجي للمنظمات والمتمثل بالبقاء والتطور والاستمرار.

ومن الجدير بالذكر بأن هنالك أكثر من دور للتعويضات غير المباشرة وتمثل تلك الأدوار بالآتي:

1. **الدور الاستراتيجي:** يتمثل هذا الدور بامتلاك المنظمة لميزة تنافسية قد يصعب تقليدها في الأحيان التي تكون المنافع والمزايا موجهة لإشباع حاجات معنوية للأفراد العاملين في المنظمة وبالذات عندما ترك المنظمة لوحدها حاجات عامليها والقوى الدافعة لهذه الحاجات. أو قد يكون تقليد الميزة مكلف للمنظمات الأخرى فكما معلوم بأن التعويضات غير المباشرة تشكل تكاليف تضاف إلى إجمالي التكاليف في المنظمة فليس كل المنظمات قادرة على تمهل هذه التكاليف

وخاصةً عندما تكون المنظمة بحالة فقدان السيطرة على تكاليف مواردها البشرية وفي الحالتين صعوبة التقليد وزيادة كلفتها فإن المنظمة التي تمنح هذه المزايا والمنافع تحصل ميزة المتحرك الأول لتلك الميزة التي يمكن أن تمنحها فرصة التفوق على منافسها.

2. **الدور الاجتماعي:** تلجأ الحكومات في حالات التغير السيئ في الظروف الاقتصادية كالكساد والانحسار إلى منظمات الأعمال للمساعدة في تجاوز الأزمات الاقتصادية ولجوء الدولة إلى المنظمة يكون لهدف السيطرة على حالة البطالة التي تترتب على سوء الظروف الاقتصادية ولكسب تعاون المنظمات تلجأ الدولة إلى منح السماحات الضريبية التي يمكن أن تساعد المنظمات في تقليل حالة الاستغناء عن الموارد البشرية في مثل هذه الظروف. إضافة إلى ذلك فإن الحصول على هذه السماحات يشجع المنظمات على الإبقاء على مزايا المنافع الاجتماعية التي تمنحها للعاملين وبالذات تلك التي تتعلق بالتعويض عن حالات فقدان العمل أو الإيقاف المؤقت بسبب الظروف الاقتصادية اعتماداً فإن المزايا والمنافع يمكن أن تلعب دوراً اجتماعياً من خلال مساعدة الدولة والمجتمع والسيطرة على حالة البطالة الملازمة للتغير في الظروف الاقتصادية.

3. **الدور التنظيمي:** بالرغم من أن كلمة التعويضات غير المباشرة تشكل نسبة كبيرة من كلفة الموارد البشرية في أغلب المنظمات إلا أن نفس المنظمات تدرك تماماً بأن مقابل هذه الكلفة هناك عائد متحقق. يتمثل هذا العائد بالدور الذي تلعبه هذه التعويضات في تحقيق التجنيد الناجح للعاملين في داخل المنظمة والجذب السليم للموارد البشرية التي تحتاجها المنظم وضمن المواصفات المهارية والمعرفية المطلوبة فقد وجد من خلال الدراسات الميدانية بأن المورد البشري الجيّد (المنظمة) الذي يمكنه ويمنحه الفرص في استخدام مؤهلاته وضمن ظروف عمل صحيّة واجتماعية

ونفسية مناسبة ووجدت ذات الدراسات بأن المكان الجيّد أو المنظمة الجيّدة هي المنظمة التي تشكّل مصدر جذب لنوعيات جيّدة فائقة من الموارد البشرية.

ومصادر الجذب هذه لا تتعدى المنافع والمزايا كالتعويض عن الإجازات والعطل الرسمية وفرص الاستراحة وغيرها من المنافع الأخرى. فمثل هذه المنافع يمكن أن تقلل من حالات الرتابة والتعب في العمل وتعزز السلوك المرغوب وتحسين الإنتاجية. كما إنَّ منافع التقاعد والرعاية الصحية يمكن أن تدفع الأفراد العاملين بأن يكون أكثر جهداً وإنتاجية دون الاكتراث بتكاليف الرعاية الصحية اعتماداً فإن المزايا والمنافع التي تمنح للأفراد العاملين يمكن أن تشكل قوة دفع باتجاه تحسين الإنتاجية للأفراد داخل المنظمة وقوة جذب لمن هو خارجها على حد سواء. ومثل هذه القوة تشكل الرابط القوي بين المنظمة وبيئة أعمالها وسوق عملها من جهة، وبين الأفراد العاملين فيها من جهة أخرى.

4. **الدور الإنساني**: يسعى العاملون عادةً للبحث عن المنافع ومزايا وخدمات بتكاليف أقل، وذلك لكون تلك المزايا والمنافع تشيع حاجات اجتماعية ونفسية وتضمن رعاية صحية أفضل، لذا فإن الفرد العامل ينظر إلى تلك المزايا والمنافع كشروط لاختياره منظمة من بين عدة منظمات بديلة.

هذا يعني بأن الفرد سيختار المنظمة إلى توفير هذه المزايا والمنافع من غير كلفة منخفضة، أو كلفة منخفضة فيفاضل الفرد بين المنظمة التي تمنحه التأمين من غيرها، وبين المنظمة التي تخفّض ضرائب الدخل عن المنظمة التي تكون ضرائب الدخل فيها مرتفعة، علاوة على ذلك وجدت دراسات عديدة أن نيّة ترك العمل لدى الفرد تتناقص مع زيادة المنافع والمزايا غير المباشرة، تتقدم على التعويضات المباشرة كالأجرة والرواتب لدى الأفراد العاملين الذين يعتبرون العمل متعة أو يحملون قيم دينية تعتبر العمل عبادة. وتؤكّد تلك الدراسات بأن هذه المزايا والمنافع تلعب دوراً أساسياً في

اهتمام الفرد بمساره الوظيفي لذا فإن الدور الإنساني يتمثل في خلق شعور الانتماء والولاء للعمل والمنظمة. علاوة على إشاعة الشعور بالقيم الإنسانية للفرد في المنظمة التي تهتم بوضعه الاقتصادي والصحي والاجتماعي والنفسي يدفعه هذا الشعور لاحترام عضويته في المنظمة والتفاني في سبيل تقديم الجهد الأفضل.

* خطط المنافع المرنة Flexible Benefits Plans:

تتمتع خطط المنافع والخدمات المقدمة للأفراد العاملين في منظمات العمال بفوائد عديدة وضار عديدة أيضاً وفيما يلي توضيح لذلك:

الفوائد Advantages:

1. يختار الأفراد العاملين فوائد تناسب احتياجاتهم الفردية.
2. تعتمد عملية اختيار المنفعة على التغير المستمر والمتنوع بقوة العمل.
3. يحصل الموظفون على فهم كبير للمنافع المعروضة عليهم والتكاليف المطلوبة منهم.
4. يزيد المستخدمون من القيمة النفسية لبرامج منافعهم وذلك بدفع منافع مرغوب فيها.
5. يقلل أرباب العمل من تكاليف المنافع.
6. حصل أرباب العمل على الميزة التنافسية باستقطاب موظفين جدد.

العيوب Disadvantages:

1. تتسبب عملية اختيار منافع الموظف الضعيفة تكاليف مالية غير مرغوب فيها.
2. هنالك العديد من التكاليف الإضافية لتأسيس وإدامة المنظمة المرنة.
3. ربما يختار الموظفون فوائد ذات استخدام عالي عليهم والذي يزيد من تكاليف أرباب العمل.

الفصل التاسع
صحة وسلامة القوى البشرية
والأمن الصناعي

إن أية تأثيرات جانبية وبيئية ومشاكل صحية واجتماعية تتعرض لها القوى البشرية تـنعكس سلباً على المنظمة وعملية الإنتاج فيها. مما جعل المنظمات تولي هذا الموضوع أهمية قصوى إضافةً إلى التشريعات الحكومية التي جاءت لحماية حقوق العاملين. وهنـاك أنظمـة وتعليمات معتمـدة في المنظمات على الإدارة التقيد بها وتنفيذ برامجها وتحديداتها الدقيقة للمحافظـة عـلى أمـن وسلامة العاملين وتهيئة الظروف البيئية والصحية السليمة وذلك للتحكم في مسببات الحوادث والإصابات لأنها أقل تكلفة من المعالجة.

* **صحة وسلامة العاملين والأمن الصناعي:**
Personnel Health & Safety and Industrial Security

تعتبر مهمة الحفاظ على المواد البشرية وحمايتها من الأذى هي من المهام الرئيسة التي تمارسها إدارة الموارد البشرية في أي منظمة ما. فالأمراض والحـوادث الناجمـة عـن العمـل، والتي يتعرض لها الأفراد العاملون تعوق حركة نشاط المنظمة وتحملها خسـائر وتكـاليف باهظـة، مـما يسـتدعي الأمـر بالمنظمات إلى الاهتمام بالرعاية الصحية وسلامة العاملين فيها.

ومن ناحية أخرى تزايد أيضاً اهتمام التشريعات الحكومية في إصدار قوانين تـنص عـلى حمايـة حقوق العاملين وإلزام أصحاب العمـل بها. إلى جانـب تجديـد واجبـاتهم ومسـؤولياتهم تجاه أرباب العمل والعقوبات التي قد تطبق عليهم في حالة مخالفتهم لأنظمة العمل.

219

إذ تُعتبر الحوادث الصحية والأمان الوظيفي أمراً كبيراً ومكلفاً لأرباب العمل مما دفع بالمدراء إلى تقليل العنف الذي يحدث في بيئة العمل وبالتالي تجنب حالات حدوث الأمراض أو حوادث العمل. وهناك قوانين تضمن حقوق الموظفين الجسمية والنفسية وتعتبر حافزاً للعديد من الموظفين لتلبية احتياجاتهم وحقوقهم الإنسانية.

ويعرف المدراء على كافة الأصعدة والنواحي أهمية معايير الصحة والأمان في المنظمة ويجب أن يتأكدوا من سلامة بيئة العمل والتي يجب أن تحمي الأفراد العاملين من الصدمات الجسدية أو الظروف غير الصحية. فمن خلال استخدام برامج الصحية الفعالة يتم الحفاظ على صحة وسلامة الأفراد.

ومن الجدير بالذكر أن التحكم في مسببات الحوادث وإصابات العمل. أقل تكلفة على المدى البعيد من معالجتها.

وأخيراً لا بد من القول بأن يجب على المنظمات من تقديم خدمات صحية بجانبها الوقائي والعلاجي لتدعيم الجوانب الصحية والجسمية والنفسية للأفراد العاملين فيها.

* مفهوم الصحة والسلامة المهنية Health Career Concept:

من الواجبات الأساسية لإدارة الموارد البشرية تقديم الخدمات الصحية والأمن الصناعي للأفراد العاملين كجزء من مهماتها في صيانتهم والحفاظ عليهم. وهناك فرق بين مفهومي (الصحة) و (السلامة) فعبارة صحة الفرد لها مدلول أوسع وأشمل من السلامة، إذ يقصد بها (**خلو الفرد من الحوادث وتجنبه الإصابة بها**). كما أنَّ سياسة المنظمة في توفير الصحة والسلامة للعاملين تنطوي على التعامل الأمين بين الأفراد والبيئة بتوفير بيئة آمنة للعامل وظروف عمل خالية من مخاطر تعرضه للحوادث والمشاكل الصحية.

يتضح من كل ذلك بأن الصحة المهنية نقصد بها: (الحفاظ على صحة الأفراد في مختلف المهن وذلك من خلال المحافظة على صحتهم الجسمانية والعقلية والنفسية وتحسين كيانهم الاجتماعي).

أي أن الصحة المهنية تنظر إلى الصحة من زاوية خاصة بالعمل والإنتاج، أي تنظر نظرة تتعلق بالفرد العامل وطبيعة العمل والبيئة التي يعمل فيها الفرد.

من هذا نفهم أن الصحة المهنية تبحث عن الاستعدادات الجسمانية اللازمة لكل عمل فني أو يدوي والمحافظة على هذه الاستعدادات كما تبحث عن اللياقة الصحية للفرد وتحافظ عليها كما ترعى وتعالج الصحة المهنية العامل المريض أو المصاب كما تهتم بتأهيل الشخص الذي يتعرض لعجز ما لمهنته تلائم استعداده ولا تتعارض مع العجز الذي أصابه.

إذن الصحة المهنية هي الأساس الذي يقوم عليه أي عامل ناجح، ففيه حماية لحياة الفرد العامل وصحته ومنه أيضاً حماية للإنتاج وثروة المنظمة.

فحينما يكون الفرد العامل صحيحا ومتمتعاً بكل ما تتطلبه المهنة من صفات وحينما يكون مكان العمل مريحاً ونظيفاً، وفيه كل الشروط الصحية من إضاءة وتهوية وخالياً من الأتربة والغازات والأبخرة الضارة ومساحة واسعة لحركة الفرد إلى غير ذلك من الشروط الصحية. فعندما تتوافر مثل هذه الشروط فإن عجلة الإنتاج الذي يديرها الفرد العامل سوف تزداد أيضاً.

أما السلامة المهنية: (فنقصد بها) ما يلي:

1. المحافظة على مقومات الإنتاج البشرية (القوى العاملة) من التعرض للإصابات الناجمة عن مخاطر المهنة وذلك بتوفير كل مستلزمات الوقاية.

2. حماية مقومات الإنتاج المادية وذلك من خلال المحافظة على الأجهزة والمواد التي تستخدم في عملية الإنتاج من التلف والضياع نتيجة حوادث العمل باتخاذ كل التدابير الوقائية.

3. توفير الاحتياطات اللازمة لتأمين بيئة سليمة تحقق الوقاية من المخاطر.

4. رفع الكفاية الإنتاجية للأفراد عن طريق خفض تكاليف الإنتاج سواء بالطرق المباشرة أو غير المباشرة كالحد من حوادث العمل وتقليل الإجازات المرضية.

إن تحقق السلامة في أي موقع عمل يستوجب توفر أربعة أركان أساسية هي:

أ. **التخطيط:** يقصد به تأمين أسس السلامة في تصاميم البناء عند إقامة أي مصنع مثلا أما في حالة كون المصنع قائماً فيجب إيجاد أفضل السبل لمنع الخطر عن العاملين.

ب. **القوانين والأنظمة:** يعني بها تعريف العاملين وأصحاب العمل بقوانين وأنظمة الصحة والسلامة في العمل مع إلزامهم بإتباع أسلوب العمل السليم لضمان عدم وقوع أي حادث نتيجة جهل الفرد بالقوانين والأنظمة.

ج. **المراقبة:** يقصد بها وجود دائرة تمتلك الكادر الفني والأجهزة المطلوبة لمراقبة تنفيذ أصحاب العمل والأفراد للقوانين والأنظمة المتعلقة بالسلامة المهنية.

د. **الدراسة والبحث:** يتطلب إجراء دراسات ميدانية لتشخيص المخاطر وذلك لأن كل موقع له خصوصية معينة بغية اتخاذ التدابير الوقائية الملائمة.

كما يمكن تعريف البيئة الآمنة Safe and Healthy Environment:

بكونها (**بيئة عمل تتمتع بالشروط الضرورية لتوفير السلامة والصحة للعاملين**) أي أنها بيئة عمل تحمي العاملين من احتمالات التعرض للحوادث من الإصابة بالأمراض، وبيئة عمل صحية تضمن خلوهم من الأمراض.

كما انّ مضمون هذه المسؤولية تغير ومر بثلاثة مراحل هي:

- **مرحلة الأمن الصناعي:** حيث تشير المرحلة الأولى إلى الاهتمام بالأمن الصناعي، لأن الذين كانوا يحتاجون الاهتمام به هم الشركات الصناعية التي تحدث فيها أنشطة تعرض العاملين فيها لحوادثٍ وأمراض.
- **مرحلة السلامة المهنية:** بعد أن أدّى التطور التكنولوجي إلى تصاعد حوادث العمل في الشركات غير الصناعية أيضاً كشركات النقل البري والجوي والمستشفيات والدوائر وغيرها فتسمية السلامة المهنية تركز على حماية أمن العاملين في كل أنواع المنظمات.
- **مرحلة توفير بيئة آمنة:** تتمثل هذه المرحلة الحالية التي تهتم بتوفير بيئة آمنة عموماً، وبالسلامة والصحة المهنية عموماً، بمعنى سلامة وصحة الفرد وخلوه من الأمراض والحوادث ومخاطر يصعب تحديد مصدرها، فقد وجدت المنظمات بأن من الممكن أن يتعرض الفرد لحوادث ومخاطر يصعب تحديد مصدرها وتؤثر على أدائه فمثلاً قد يصاب بمرض اعتيادي، أو مشكلة إدمان، ما (كالكحول والمخدرات) وهذه تنعكس على عمله وأدائه في المنظمة.. الخ.

* أهداف وإجراءات الصحة والسلامة:

Health & Safety Procedures and Objectives

يفضل الكثير الاهتمام بإجراءات الصحة والسلامة أولاً، ثم بالإجراءات العلاجية ثانياً، حيث أن تكلفة الإجراءات العلاجية سواءً من حيث معالجة العامل أو تعويضه أو إصلاح الآلات أو تعطبها، أعلى بكثير من الإجراءات الوقائية.

وتتضمن أهداف وإجراءات الأمان والسلامة في أي منظمة سواء فيما يتعلق بالنسبة للعمال أو بالنسبة لظروف العم. وفيما يلي توضيح ذلك.

1. **بالنسبة للعّمال:**

أ. تثقيفهم وتدريبهم وتوعيتهم من خلال حضورهم دورات تتعلق بالسلامة ووضع الإرشادات الخاصة بالعمل.

ب. توفير الاحتياطات ووسائل السلامة العمالية ووسائل الحماية الشخصية والوقاية من الأخطار والأمراض التي قد تنجم عن العمل وعن الآلات المستعملة فيه.

ج. إعادة تصميم أماكن العمل والوظائف لرفع الروح المعنوية لدى العمّال ويمكن أن يتم ذلك إماً توسيع العمل أفقياً، أو إثراء العمل، أي زيادة العمل بشكلٍ عمودي.

د. إحاطة العامل قبل اشتغاله بمخاطر مهنته. وسبل الوقاية الواجب عليه اتخاذها وأن يعلق بمكان ظاهر تعليمات وإرشادات توضح فيها مخاطر المهنة ووسائل الوقاية منها.

2. **بالنسبة لظروف العمل:**

أ. توفير الاحتياطات والتدابير اللازمة لحماية المؤسسة والعاملين فيها من أخطار الحريق والانفجارات أو تخزين المواد الخطرة القابلة للاشتعال أو نقلها أو تداولها وتوفير الوسائل والأجهزة الفنية الكافية.

ب. توفير وسائل وتجهيز مركز طبي بأجهزة الإسعاف الطبي للأفراد العاملين في المنشأة لمعالجة الحالات الطارئة أو تقديم الإسعافات الأولية.

ج. قيام إدارة المنشأة بالجولات التفتيشية الفجائية للتأكد من قيام المسؤولين عن الصحة والسلامة العمالية بمهامهم على خير وجه.

د. الأسس والمعايير الواجب توافرها في المؤسسات الصناعية، لضمان بيئة خالية من التلوث بجميع أشكاله والوقاية من الضوضاء والاهتزازات وكل ما يضر بصحة العامل ضمن المعايير الدولية المعتمدة وتحديد طرق الفحص والاختبار الخاصة لضبط هذه المعايير.

كما يمكن أن نضيف بأن من بين أهم أهداف الصحة والسلامة المهنية التي لها علاقة مباشرة برفع الكفاية الإنتاجية للفرد بصورة خاصة والإنتاج بصورة عامة هي:

1. تأمين أعلى درجات الصحة البدنية والنفسية والاجتماعية للفرد العامل في وسط العمل الذي يمارسه وفي كل مهنة أي وجوب إخضاع الفرد للفحص الطبي الابتدائي وتقدير إمكانية قيام الفرد بالمهنة التي ستناط به أي وضع الفرد المناسب في العمل المناسب وفق قدراته البدنية والنفسية والعقلية.

2. منع انتشار المخاطر الصحية الناتجة بسبب ظروف بيئة العمل والتي تتولد نتيجة العملية الصناعية مثلاً.

3. حماية الأفراد خلال ممارستهم العمل من العوامل الضارة بالصحة مثل ضرورة تأمين الإضاءة الجيدة لمنع تعرض الفرد للإصابة أو للسقوط بسبب عدم رؤية الأشياء بصورة واضحة.

4. وضع الفرد العامل في بيئة عمل تتناسب مع تكوينه البدني والنفسي- ونقصد بذلك وضع الفرد في بيئة عمل تجعله قادراً على تحقيق أعلى كفاءة إنتاجية في العمل دون أن يحدث أي ضرر عليه، فمثلاً يجب تجنب تعب الفرد المكلف بالقيام بعمل مرهق.

* برنامج الخدمات الصحية (الصحة والسلامة):
Healthy Services Program (Health & Safety)

تنصب برامج توفير الخدمات الصحية للأفراد العاملين على محاولة تجنب وقوع الحوادث والإصابات، وهنالك نوعين من برامج الخدمات الصحية، الأول يركز على الصحة الجسمية والثاني يركز على الصحة النفسية للأفراد العاملين:

1. الخدمات الصحية الجسمية: توفر معظم المنظمات وحدات صحية لخدمات الحاجات والمتطلبات الصحية لمنتسبيها والمهمة الرئيسة لهذه الوحدات هي تقديم الخدمات الوقائية التي تتضمن الفحوصات الدورية للعاملين للتأكد من سلامتهم

من الأمراض المختلفة وتقديم الفحوصات الطبية للوقاية، كالتطعيم من بعض الأمراض المعدية، إضافة إلى تقديم الإرشادات الصحية للوقاية من الأمراض وتوجيه الإدارة نحو استخدام الظروف والشروط الصحية المناسبة كما وإنَّ مهمة هذه الوحدات تقديم الخدمات العلاجية ضد الأمراض والحوادث الحاصلة للأفراد العاملين أثناء العمل، وغالباً ما تعمل هذه الوحدات جنباً إلى جنب مع مسئولي الأمن والسلامة المهنية لتقديم النصائح والإرشادات المتعلقة بظروف العمل المناسبة وكيفية تجنب المخاطر فيه، إنَّ برنامج الخدمات الصحية والجسمية الفاعل لا بد وأن يعتمد على الأسس الآتية في تصميمه:

أ. تحديد السياسات الوقائية والعلاجية.

ب. القيام بالفحوصات الدورية للأفراد العاملين بصورة خاصة للأفراد الذين يتعرضون إلى المخاطر الصحية من جرّاء العمل.

ج. تهيئة وتوفير الاستشارات والإرشادات الصحية والعلاجية.

د. متابعة شروط الصحة والنظافة والشروط الأمنية في العمل.

هـ. تحديد موظف رئيس مسؤول عن الشؤون الصحية يكون مرتبطاً بشكلٍ مباشر بالإدارة.

و. تهيئة المعدات واللوازم الضرورية لاستخدامها في الحالات الطارئة.

ز. تهيئة الأطباء الأكفّاء وهيئة تمريض تتمتع بالكفاءة والإخلاص.

2. **الخدمات الصحية العقلية والنفسية**: إن برنامج الخدمات النفسية لا بد أن يصمم وفقاً لنفس الأسس التي ذكرت حول برنامج الخدمات الجسمية مع ضرورة توفر برنامج الخدمات الإرشادية النفسية الذي يتبنى مهمة الوقاية من الأمراض النفسية بدرجة رئيسية قبل تفاقم الظواهر السلوكية وتأثير المشاكل في حصول الأمراض النفسية لدى الأفراد العاملين.

ومن الملاحظ بأن الأفراد العاملين المصابين بأمراض نفسية تظهر عليهم بعض المؤشرات الدالّة والمرتبطة بحالتهم منها انخفاض الإنتاجية وكثرة الغيابات وزيادة معدلات دورانهم، وانخفاض روحهم المعنوية وسوء علاقاتهم بالآخرين في العمل وارتفاع معدلات الحوادث التي يتسببون بها إضافة إلى ذلك كثرة الشكاوي والتذمر من العمل.

ولقد تزايد الاهتمام في الآونة الأخيرة بالصحة العقلية والنفسية للأفراد العاملين وخصوصاً في المنظمات الصناعية حيث أوضحت الكثير من الدراسات والأبحاث بأن السبب الرئيسي- وراء إصابة الأفراد بالأمراض النفسية والعقلية هو القلق والتوتر الناجمين من ظروف وبيئة العمل بالدرجة الأساسية غلى جانب الظروف الاجتماعية الأخرى حيث أصبح مرض التوتر العصبي شائعاً في السنوات الأخيرة بسبب الضغوط التي يتعرض لها الأفراد العاملين في حياتهم العصرية إلى جانب متطلبات العمل وتعقيداته مثل الالتزام بمواعيد ثابتة لأنها الأعمال والتوريد للعملاء ون الجدير بالذكر بأن مرض التوتر قد يصيب الأفراد العاملين من كافة الأعمار والذي قد يتسبب بأمراض معروفة مثل السكتة القلبية المفاجئة وارتفاع ضغط الدم، مما يعني عدم تناسب قدرة الأفراد للتكيف في بيئة العمل.

* وسائل لإنجاح برامج الصحة والسلامة:

Methods to Succeed Health & Safety Programs

هنالك أساليب عديدة بوسع أي منظمة إتباعها لتشجيع العاملين على الالتزام بأنظمة الصحة والسلامة من هذه الوسائل هي:

1. **الالتزام العام على مستوى الأنظمة:** إن اعتماد المنظمة لبرامج الصحة والسلامة للعاملين يشمل كافة الأفراد العاملين من القمة إلى القاعدة، ومنح جوائز تشجيعية للملتزمين بأنظمة الصحة والسلامة.

2. **تنسيق جهود السلامة:** ينبغي القيام بتنسيق بين المدراء والمسؤولين والمتخصصين في أساليب السلامة، لعقد دورات تدريبية لتعرف العاملين بالاستخدامات الفنية لها ولتذكيرهم بأهميتها لسلامتهم.

3. **لجان الأمان:** يجب على المنظمة تشكيل لجان يتكون أعضاؤها من سائر العاملين لمراجعة وسائل السلامة المتبعة حالياً واقتراح التوصيات لتعديلها وتطويرها لتجنيبهم الإصابات مستقبلاً وبوسع اللجان فرض وسائل السلامة لخلق الموظف المحفز بشكلٍ ذاتي ونشر ـ الوعي للسلامة بين الأفراد العاملين من خلال الشرح والتعريف بفوائد برامج السلامة ومخاطر عدم تطبيقها.

4. **تطبيق نظام تأديبي:** يتعين إتباع نظام تأديبي للمخالفين الذين لا يتقيدون ببرامج السلامة وتحديد مستويات الغرامات حسب النوع والحالات والإجراءات لذلك.

5. **حوافز السلامة:** تتبع بعض المنظمات أسلوب توفير الحوافز للأفراد العاملين لديها للتقيد بأنظمة السلامة كإجراء المسابقات للسلوك الأمين في العمل بحيث يجري صرف مكافآت ومنح الهدايا القيّمة لمستحقيها.

6. **التفتيش على أنظمة السلامة:** إذ ينبغي قيام لجان التفتيش بمراقبة أماكن العمل للتأكيد من تطبيق وسائل السلامة بشكل مستمر لتشمل كافة أقسام ووحدات المنظمة ووفق جداول زمنية مدروسة.

7. **بحوث الإصابات (أو الحوادث):** تستعين المنظمات بمختصين لإجراء تقييم لوسائل السلامة المتبعة لديها وسبل تطويرها.

8. **تقييم وسائل السلامة:** في سبيل تقييم وسائل السلامة تقوم المنظمات بالآتي:

أ. مراقبة الجهود التي تبذل في مجال السلامة في المنظمة.

ب. إعداد الإحصاءات حول معدل الإصابات والحوادث حسب النوع والتكرار وتحليل البيانات وضع الاستنتاجات لتقرير مدى فاعلية الجهود التي تبذل.

ج. مراجعة وسائل السلامة ووسائل التدريب.

د. التأكد من أن الوسائل المستخدمة تؤدي إلى خفض معدل ومستوى الإصابات.

هـ- مراجعة السياسات والأنظمة الخاصة بالسلامة التي تشكل دوري والتأكد من مناسبتها ومطابقتها للأنظمة في البلاد والأنظمة الصناعية.

* الأمن الصناعي Industrial Security:

مفهوم الأمن الصناعي Industrial Security Concept:

تسعى جميع المؤسسات إلى المحافظة إلى سلامة الأفراد العاملين لديها وتوفير الأمن من أجل أن يؤدوا الأعمال التي تقع على عاتقهم بأحسن صورة مما يضمن لهم التقليل من الإصابات والحوادث التي قد يتعرض لها الأفراد العاملين في مواقع العمل.

فالأمن الصناعي: هو عبارة عن توفير بيئة آمنة وخالية من العوامل التي تؤدي إلى أسباب الخطر الذي يتعرض لها الأفراد العاملين في المنظمات.

ودائماً تفضل المنظمات أن تكون وقاية وحريصة على الأفراد العاملين فيها بدلا من علاجهم في حالة تعرضهم للإصابات والحوادث.

فضلاً عن إنَّ التكاليف التي سوف تبذلها المنظمات في سبيل الوقاية هي أقل بكثير من التكاليف التي تتحملها المنظمات في تقديم العلاج للمصابين وأي نفقات تترتب تحميلها على المنظمات فمثلاً إذا أصيب عامل بإصابة عمل سواء أدت إلى وفاته أو ألحقت به ضرراً جسمانياً، حال دون استمراره في العمل فعلى إدارة المنشأة نقل العامل المصاب إلى المستشفى أو أي مركز طبي، وتبليغ الجهات الأمنية المختصة بالحادث وأن ترسل إشعاراً إلى الوزارة بذلك خلال مدة لا تزيد عن (48) ساعة من وقوع الحادث ومن ثم تتحمل هذه الإدارة نفقات العامل المصاب إلى المستشفى أو المركز الطبي لمعالجته.

أهداف الأمن الصناعي Objectives Industrial Security:

هناك أهداف أساسية للأمن الصناعي وهذه الأهداف تتجسد في بيئة العمل والعامل والعلاج وفيما يلي شرح لذلك:

1. **من حيث بيئة العمل:** وبعني به ضرورة توفير وسائل الأمن والصحة والوقاية في بيئة العمل بالطريقة التي تقي الموظفين أخطار العمل وظروفه، وتشير بيئة العمل إلى عوامل الإضاءة والضوضاء والرطوبة والتهوية والإشعاعات والغازات.

2. **العامل من حيث نفسه:** ويتمثل الهدف هنا بضرورة توعية العاملين وتشجيعهم على المحافظة على أنفسهم واتباع شروط وتعليمات الأمن الصناعي للوقاية من أخطار العمل.

3. **من حيث العلاج والتأهيل:** ويتمثل هذا الهدف بسرعة علاج وتأهيل ورعاية العامل الذي يصاب بحادثة عمل، وضمان دعوته إلى عمله الأسبق كلما أمكن ذلك، كما يتضمن هذا الهدف أيضاً ضمان دخل للعامل المصاب طيلة مدة علاجه وتأهيله.

عناصر برنامج الأمن الصناعي Industrial Security Elements:

إنَّ أي برنامج للمن الصناعي لا بد وأن يتضمن العناصر الإنسانية التالية:

1. **الدعم من قبل الإدارة العليا:** لكي يكون برنامج الأمن الصناعي فاعلاً لا بد وأن يدعم ويقدم لهُ العون من قبل الإدارة العليا حيث أنَّ البرنامج الذي لا تقنع به الإدارة ولا تقدم لهُ الدعم اللازم غالباً ما يكون غير فاعل وبالتالي يؤدي إلى استمرارية حوادث العمل وزيادتها بدلاً من نقصانها.

ويتمثل الدعم المقدم من قبل الإدارة العليا في الجوانب الآتية:

حضور الاجتماعات واللقاءات التي يعقدها القائمون على هذا البرنامج بحيث تكون للإدارة رأي ومعرفة لما يحصل وما يحدد من ضوابط عمل هذه اللقاءات، والتأكد من قبل الإدارة العليا على تقارير الدورية حول الأمن الصناعي، إضافة إلى التفتيش الدوري والفحص المستمر لأماكن العمل، كما ويتمثل دور الإدارة العليا في إمدادها العوني لمسئولي الأمن الصناعي فيما يتعلق بتطوير إجراءات الوقاية من الحوادث الصناعية.

2. **تحديد مسؤولية الأمن الصناعي:** لا بد من تحديد شخص مسؤول عن الأمن الصناعي وصيانة الأفراد العاملين بغض النظر عن كون المنظمة صغيرة أم كبيرة في الحجم، ففي المنظمة الصغيرة من الممكن إناطة هذه المهمة بشخص إداري إضافة إلى مهامه الإدارية، أمّا في المنظمات الكبيرة الحجم فمن الممكن إعطاء صلاحيات الصيانة والأمن الصناعي إلى مهندس الأمن الصناعي، أو تعيين مدير كمستشار للأمن الصناعي كلّما كان علاقة مدير الأمن الصناعي بالأفراد العاملين وفي كافة الوحدات والأقسام الإدارية علاقة وظيفية حيث بإمكانه إصدار الأوامر فيما يتعلق بمتطلبات الأمن الصناعي.
3. **هندسة العمل:** إنّ الالتزام بهندسة العمل أو الشروط الهندسية الواجب توفرها في مواقع العمل من العناصر الأساسية في أي برنامج للصيانة من الحوادث ومن المستلزمات والشروط الهندسية في العمل توفر النظافة في أماكن العمل وتحديد الإجراءات الضرورية اللازمة لاستخدام الأجهزة والمعدات الواقية أثناء العمل وكيفية استخدام المواد ذات الخطورة.
4. **التعليم والتدريب:** يعتبر عنصر التدريب والتعليم من العناصر الأساسية التي لا بد من توفرها للأفراد العاملين للتقليل والحد من الحوادث أثناء العمل حيث أن التدريب والتعليم يركز على الإجراءات الصحيحة في العمل وإرشاد الأفراد

وتوجيههم فيما يتعلق بالتعليمات والضوابط الخاصة بالصيانة والأمن الصناعي، وللمشرف المباشر دور كبير في توجيه الأفراد العاملين وبصورةٍ خاصة الأفراد الجدد حول طبيعة العمل ودرجة المخاطرة فيه وكيفية الوقاية من الحوادث الصناعية في المنظمة لتنمية وعي الأفراد العاملين حول المخاطر المهنية، ومن هذه الوسائل الدوريات التي تصدرها المنظمة والتي لا بد وأن تتضمن الإجراءات الوقائية والتحذير والتنبيه عن مواقع الخطر، كما وأن الخرائط والملصقات الجدارية وكافة الوسائل السمعية والبصرية من الممكن أن تساهم في توعية الأفراد العاملين لتجنب مخاطر العمل والحوادث الصناعية.

5. **تسجيل الحوادث:** من الضروري لاحتفاظ بسجلات خاصة حول الحوادث الصناعية في كل منظمة هذه السجلات توضح عد ونوع الحوادث والأمراض الصناعية وكذلك الخسائر الناجمة عن حصول هذه الحوادث كالأيام المفقودة من العمل والإصابات والأمراض الناجمة عن حصول حوادث العمل ومن الممكن أن تنظم السجلات وفقاً لدرجة خطورة الحادث إلى الفقرات التالية:

1. حوادث مؤدية إلى وفاة.
2. حوادث مؤدية إلى فقدان أيام العمل.
3. حوادث مؤدية إلى أضرار طفيفة تم السيطرة عليها واستخدمت الإسعافات الأولية في حينها.

كما وأنه من الممكن أن يكون السجل أكثر تفصيلاً بتوضيح الحوادث التي أدت إلى عجز جزئي أو كلي أو توقف العمل لساعات محددة، إن تسجيل الحوادث ذا أهمية في تحديد وقياس معدلات الحوادث كمعدل تكرار الحوادث ومعدل شدّة الحوادث.

إن معدل تكرار الحوادث عبارة عن عدد الحوادث خلال فترة معينة قياساً بعدد ساعات العمل الفعلية خلال نفس الفترة مضروباً في 1.000,000.

إذن **معدل تكرار الحادث**= $\frac{\text{عدد الحوادث خلال فترة معينة}}{\text{عدد ساعات العمل الفعلية خلال نفس الفترة}} \times 1000000$

أما شدة أو فداحة الحادث فهو مقياس لمدى تأثير الحادث على العمل وهذا التأثير يتوضح من خلال أيام العمل المفقودة من جراء الحادث.

إذن **معدل فداحة الحادث**
أو شدته = $\frac{\text{عدد الأيام المفقودة بسبب الحوادث خلال فترة معينة}}{\text{عدد ساعات العمل الفعلية خلال نفس الفترة}} \times 1000000$

6. **تحليل الحوادث:** من الضروري تحليل الحوادث الصناعية وفقاً لمعايير معينة منها تكلفة الحوادث وأسبابها، إن الهدف الأساسي من تحليل الحوادث هو لتعريف الأفراد العاملين بالتكاليف الحقيقة المتسببة جرّاء الحوادث كما وأن تحليل أسباب الحوادث يؤدي إلى التشخيص الحوادث التي تنجم عن الأفراد العاملين وكذلك الحوادث التي يكون سببها ميكانيكياً حيث أن الحوادث المتسببة من قبل الأفراد العاملين لا بد وأن تلقي اهتماماً كبيراً من قبل الإدارة نظراً لتداخل عوامل عديدة فيها.
إن تحليل كلف الحوادث الصناعية يستوجب تحديد التكاليف التالية التي تنجم عن الحوادث:

أ. كلف تعطيل المكائن والمعدات والمباني وتلفها.
ب. كلف الأجور المدفوعة عن الوقت الضائع بسبب الحادث.
ج. كلف الأجور المدفوعة عن الوقت الضائع للأفراد المصابين بسبب الحادث.

د. كلف علاج الأفراد العاملين المصابين.

هـ كلف الفحص وتسجيل الحوادث الحاصلة.

و. كلف إحلال واستبدال الأفراد المصابين.

أما فيما يتعلق بأسباب الحوادث الصناعية، فإن هنالك الكثير من المتغيرات المتعلقة بالأفراد العاملين والتي يكون لها دور كبير في الحوادث منها قلة الخبرة والمعرفة بالعمل، قلة المعرفة بإجراءات وطرق العمل، وانخفاض دافع ورضاء الأفراد عن العمل، إضافة إلى العوامل الأخرى المتعلقة ببيئة وطرق العمل.

إن تشخيص الأسباب الرئيسية هو المفاتح الأساسي لتقليل الحوادث من خلال معالجة هذه الأسباب، كما وأن أفضل السياسات في تقليل الحوادث تكون من خلال وضع شروط معينة وتحديد جزاءات على الأفراد العاملين عند خرق هذه الشروط من قبلهم، كأن يوضع شرط ممنوع التدخين في أماكن العمل وأثنائه وأي فرد لا يراعي هذا الشروط يعاقب فعلياً.

كما وأنه من الضروري لتدعيم برنامج الأمن الصناعي والتقليل من حوادث العمل وأن تعتمد على نظام المكافآت والتعزيز للسلوك الإيجابي حيث يحدد برنامج المكافآت نسبة معين للأفراد العاملين المساهمين في تقليل الحوادث الصناعية بالتزامهم بشروط الصيانة والأمن الصناعي.

* حوادث العمل Work Incidents:

مفهوم حوادث العمل Work Incidents Concept:

يعرف حادث العمل بأنه (**كل حادث مفاجئ يقع أثناء العمل أو يسببه وقد تشمل أضراره وسائل الإنتاج أو القوى البشرية أو كليهما معاً**).

أما تعريف إصابة العمل: (**فهي مجموع الأضرار البدنية والنفسية التي تصيب الفرد العامل من جراء حادث العمل**).

تقع كل يوم حوادث مختلفة المظاهر متباينة الأسباب في المصانع والمعامل قد يؤدي بعضها على عجز أو عاهة أو إلى وفاة، كما قد يؤدي إلى تلف الآلة أو توقفها عن العمل أو تأخير عملها بعض الوقت.

إن معظم الحوادث تعزى إلى قصور الفرد سواء أكان ذلك بشكل مباشر أو غير مباشر وذلك نتيجة للخطأ في تقدير الموقف وعدم اتخاذ التدابير الوقائية قبل لبدء بالعمل.

فالفرد ليس بآلة وقد يخطئ في بعض الأوقات وقد يكون الخطأ راجعاً إلى المهندس المعماري الذي صمم المصنع أو إلى المقاول الذي بناه أو إلى مصمم الماكنة أو إلى مدير دائرة التشغيل أو إلى المهندس الكهربائي أو أحد ملاحظي العمل أو إلى عامل الصيانة، أي أن الخطأ في الواقع راجع على شخص ماله صلة بالتصميم أو البناء أو التركيب أو الإدارة أو الإشراف أو التشغيل إلى غير ذلك من أمور، هذا ويعتبر خبراء حوادث العمل أن العامل الشخصي يشكل 80-90% من مسببات الحوادث، كما يشير الخبراء إلى أن أكثر أنواع الإصابات وقوعاً في العمل هي إصابات الرأس وإصابات العيون وإصابات اليد وإصابات القدم والحروق.

أسباب حصول الحوادث Incident Reasons:

تتعدد أسباب الحوادث والأمراض في المنظمات المعاصرة فقد تحصل نتيجة انفجار أو حريق أو تعامل مع مواد كيماوية أو بيولوجية.... الخ. وهذه تختلف بنوع النشاط، فالحوادث التي تحصل ف منشآت تتعامل مع مواد كيماوية تختلف عن تلك التي تستخدم في مكائن خطيرة.

لذلك، لا يمكن أن نحصر كل هذه الأسباب والمصادر هنا، ولكن ولأغراض تعامل إدارة الموارد البشرية معها، يمكن أن نحصرها بالمصادر الآتية:

1. **حالة البيئة المادية للعمل:** وندرج ضمنها من حرارة وتهوية ورطوبة وضوضاء ونظافة وغيرها. وهذه تشمل الظروف العادية لأية بيئة عمل، بالإضافة إلى ظروفٍ خاصة ناجمة عن التعامل مع مواد كيماوية أو بيولوجية أو غيرها تمثِّل مصادر لمخاطر إضافية من أنواع خاصة، كاحتمالات التسمم، الإصابة بأمراض معينة.
2. **أسباب آلية (حركية أو يدوية):** وهذه الأسباب ناجمة عن استخدام الأجهزة والمعدات وغيرها، ويمكن أن ندرج هنا الحوادث الناجمة عن الانفجار أو الحريق أو غيره الذي تسببه هذه الأجهزة.
3. **أسباب تتعلق بالفرد نفسه:** ومنها الخصائص الشخصية (كالسن، عيوب البصر) أو محدودية الخبرة في تشغيل جهاز ما أو التعامل، أو التعرض للحوادث لأسباب نفسية مختلفة (فبعض الأفراد أكثر عرضة من غيرهم لتعرض لحوادث معينة) ونمكن أن نوضحها بشكل أكثر.
4. **أسباب أخرى:** بالإضافة إلى الأسباب السابقة يمكن إضافة أسباب أخرى لا تقل أهمية عمّا سبق، فقد تكون الوظيفة أو العمل على درجة عالية من الخطورة، وتزداد الحوادث في الساعات الأخيرة من العمل قياساً بالساعات الأولى، كما تزداد الحوادث في مناخ التنظيم السيئ.

وهنالك أسباب ثانوية قد تفسر سبب وقوع الحادث، حيث تبيّن من خلال دراسة أسباب الحوادث وجود بعض العوامل التي تؤثر على وقوع الحوادث مثل:

1. **عمر الفرد:** حيث تبين أن الإصابة تكثر عند الناشئين بسبب قلة الخبرة وعند كبار السن بسبب التغير الفسلجي الذي يحدث عند الفرد نفسه.

2. **الجنس:** لما كنت المرأة تختلف عن الرجل فسلجياً فيجب أخذ ذلك بنظر الاعتبار في التعيين، أي لا يجوز التساوي في العمل في بعض المهن مثل إذا كلفت المرأة بالقيام بأعمال شاقة فإنها تتعرض للإصابة أكثر مما لو كلف الرجل للقيام بنفس العمل.

الحالة الصحية: هنالك بعض الأمراض تعيش مع الإنسان مثل داء السكر، الصرع، ضغط الدم وعليه يجب عدم تشغيل مثل هؤلاء الأشخاص المصابين بمثل هذه الأمراض المزمنة ببعض المهن التي يمكن أن تحدث لهم الأذى بسبب حالتهم الصحية مثل المصاب بالصرع لا يجوز أن يعمل سائق عمومي أو عامل كهرباء لأنه سيكون عرضة للإصابة في أي لحظة يتعرض لها لحالة الصرع وهو يمارس المهنة.

3. **وقت العمل:** تختلف نسبة الحوادث في معمل يشتغل بثلاث وجبات حيث لوحظ أن الإصابات تقل في الوجبة المسائية وتكثر في الوجبة الصباحية مما يتطلب لتشديد إجراءات الوقاية والرقابة أثناء الوجبات الصباحية.

4. **الوعي الوقائي المهني:** تكثر حوادث العمل عند الأفراد الذين لا يعرفون مخاطر المهنة التي يمارسونها أو لا يتبعون أسلوب العمل السليم أو لا يلتزمون بتعليمات الصحة والسلامة مثل عدم ارتدائهم معدات الوقاية الشخصية الواجب ارتداؤها أثناء العمل مما يعكس ضعف إدراكهم لمخاطر العمل ويعرضهم للإصابة لهذا السبب أي سبب عدم ارتدائهم معدات الوقاية.

* أسس الوقاية من حوادث وإصابات العمل:
Protection Bases from Work Incidents

نقصد بالوقاية من حوادث وإصابات العمل تقليلها على الحد الأدنى أي العمل بكل الوسائل للحد من حوادث وإصابات العمل حيث نعلم أن المرض المهني يمكن منع حدوثه تماماً ولكن الحوادث والإصابات التي لا يمكن منعها تماماً لأن العامل

الشخصي يشكل 80-90% من أسباب الحوادث ولكن بالتأكيد يمكن تخفيضها على أدنى حد وعليه نقول من الممكن أن تمنع أو نقلل حوادث وإصابات العمل إذا أخذنا الأمور التالية بنظر الاعتبار:

أ. **أمور تتعلق بمكان العمل مثل:**

1. يجب أن يكون البناء متيناً وأسقفه قوية لكي لا تقع.
2. يجب أن تكون بيئة العمل صحية مثل التهوية الجيدة والإضاءة الصحيحة ودرجة الحرارة الثابتة إلى غير من ذلك من أمور.
3. يجب طلاء جدران موقع العمل بلون مناسب غير منفر أو غير مثير للأعصاب.
4. يجب أن تكون مساحة موقع العمل واسعة بحيث يمكن وضع الأجهزة بشكل نظامي لا يؤثر على حرمة العاملين بين الأجهزة.

ب. **أمور تتعلق بالمعدات والأجهزة مثل:**

1. يجب أن تتوفر كل مستلزمات السلامة في الأجهزة والمعدات.
2. يجب أن يكون هناك صيانة دورية على كل الأجهزة والمعدات لضمان عدم استغال أي جهاز أو آلة غير آمنة.
3. تمنع تكدس الآلات والأجهزة مواضيع ضيقة.
4. وجوب وضع علامات تحذير على الأجهزة والآلات التي تحمل خطورة وذلك لحلب انتباه الأفراد على وجود الخطر.

ج. **أمور تتعلق بالعملية الصناعية مثل:**

1. إحاطة منطقة الخطر بحوافز تمنع وصول أجزاء جسم الإنسان كالأطراف أو الشعر أو الملابس المتدلية إلى مصدر الخطر.

2. إجراء تعديل في تصميم الآلات بحيث يمنع بروز أو ظهور الأجزاء المتحركة التي ينجم عنها مخاطر الإصابة.

د. أمور تتعلق بالعاملين أنفسهم مثل:

1. وضع العامل المتدرب في الموقع المناسب من العملية الصناعية بحيث تكون لديه القدرة والخبرة والدراية الكافة للقيام بالعمل.

إن تحقيق مستلزمات الوقاية من حوادث وإصابات العمل التي ورد ذكرها يمكن أن تصلح لأي موقع عمل وسواء كان ذلك الموقع يشغل خمسة من المناط به وعلى أن يفهم بشكل جيد كيفية استعمال وتشغيل الآلات المكلف بالعمل عليها.

2. المراقبة المستمرة من قبل المهندسين والخبراء والفنيين ومسؤول السلامة المهنية على سير العمل وكيفية تنفيذه شرط أن يوافق ذلك التوجيه والنصح والإرشاد لكل عامل باستمرار لكي يعمي بشكل صحيح ويكون يقظاً وحذراً باستمرار.
3. تحديد مسؤولية الفرد ومنعه منعاً كاملاً من تجاوز مسئوليته بالعمل.
4. التزام العاملين بارتداء معدات الوقاية الشخصية ومحاسبة المقصرين.

هـ. أمور متفرقة أخرى مثل:

1. على إدارة المنظمة تأمين طبابة وقسم للسلامة المهنية لضمان تنظيم خدمات الصحة والسلامة داخل المنظمة بعد تشكيل لجنة للصحة والسلامة.
2. تنظيم سجل لتسجيل حوادث وإصابات العمل وإصدار الإحصائيات.
3. قيام إدارة المنظمة بتقديم جوائز للورش التي لا تقع فيها إصابات لأن ذلك يعكس مدى اهتمام صاحب العمل وإصدار بأمور الصحة والسلامة في العمل.
4. إدخال المشرفين والعمال دورات لرفع الوعي الوقائي المهني عندهم.

وأخيراً لا بد من القول بأن تحقيق مستلزمات الوقاية من حوادث وإصابات العمل التي ورد ذكرها يمكن أن تصلح لأي موقع عمل داخل المنظمة وسواء كان ذلك الموقع يشغل خمسة أشخاص أو خمسة آلاف شخص.

* أسس احتساب كلفة حوادث وإصابات العمل:

Calculation Costs Bases for Work Incidents

لقد وجد خبراء الصحة والسلامة المهنية أن المبالغ التي ترصد لتنظيم خدمات الصحة والسلامة في أي موقع عمل هي أقل بكثير من المبالغ التي تكلف إدارة المنظمة بسبب الحوادث والإصابات لو تم احتساب كلفتها بشكل صحيح، حيث أن الاحتساب الصحيح لكلفة الإصابة يكون من خلال احتساب ما يلي:

1. مجموع المبالغ المدفوعة للمصاب كأجر عن الأيام التي انقطع فيها عن العمل بسبب الإصابة.
2. تكاليف المواد والمكائن والأبنية وغيرها التي تلفت بسبب الحادث.
3. كلفة الوقت الضائع للأفراد الذين تركوا العمل في أثناء وقوع الحادث لأسباب عديدة (قسم يتعرض لإصابة، وقسم ثاني لمشاهدة الحادث، قم يقدم المساعدة للمصاب، قسم يذهب لإخبار الطبابة أو الإدارة أو مسؤول السلامة أو مسؤول الورشة) إلى غير ذلك من أمور تؤدي إلى تعطيل بعض الأفراد عن العمل بسبب وقوع الحادث.
4. كلفة (رواتب وأجور) الأفراد المكلفين من جهات مختلفة للتحقيق بأسباب الحادث.
5. تكاليف تعويض الأفراد العاملين المصابين إضافة إلى تكاليف تدريب العمّال الجدد على العمل لغرض القيام بنفس عمل الفرد المصاب وبنفس المستوى من الكفاءة.
6. كلفة مقدار تأمين وتأثر إنتاج وإنتاجية العالم المصاب بعد مباشرته العمل.

7. الخسارة المادية الحاصلة بالإنتاج بسبب انقطاع العامل المصاب عن العمل والإنتاج خاصة إذا لم يتم تعويضه بعاملٍ آخر.
8. الأجـور المدفوعـة للعـمّال المكلفـين، بمكافحـة حـوادث العمـل وتكـاليف المـواد والمعـدات التـي يستخدمونها في سبيل ذلك.
9. رواتب وأجور العاملين المكلفين بمكافحة حوادث العمل وتكاليف المواد والمعدات التي يستخدمونها في سبيل ذلك.
10. خسارة الأرباح المتوقعة بسبب توقف العمليات الإنتاجية والعمليات التوزيعية.
11. أجور العلاج الطبي كاملة والتي تمثل أجور الأطباء والمستشفيات وأجور العلاج والتحاليل المختبرية والأشعة وغيرها.
12. احتساب مقدار انخفاض الإنتاج لدى العاملين جميعاً بسبب انخفاض الروح المعنوية لدى عموم العاملين عند وقوع حادث العمل.
13. احتساب مقدار انخفاض الإنتاج لدى العاملين جميعاً بسنن انخفاض الـروح المعنويـة لـدى عمـوم العاملين عند وقوع الحادث.
14. ما تدفعه شركة التأمين لمصابين نتيجة خضوعهم لوثيقة التأمين على الحياة.

نستخلص من ذلك أن الخسارة الناتجة من وقوع الحـوادث وإصـابات العمـل تشـكل مشـكلة كبيرة تواجه أصحاب العمل والدولة والفرد. وذلك لما لها من تأثير مـادي وبشري عـلى مجمـل عمليـة التنمية الوطنية. وباختصـار فـإن الحـادث يـؤدي إلى خسـارة في العنصر البشري والاقتصـادي ويمكـن تلخيص ذلك كما يلي:

1. خسارة الاقتصادية يتحملها الفرد المصاب نفسه.
2. خسارة اقتصادية تتحملها المنظمة.
3. خسارة اقتصادية تتحملها الدولة.
4. خسارة اقتصادية يتحملها الجميع.

* فحص وتسجيل الحوادث:

Investigating and Recording Accidents

يجب فحص كل حادث مهما كان نوعه صغيراً أم كبيراً من قبل المشرف وعدد من لجان الأمان. ويمثل هذا الفحص عدد العوامل المساهمة في الحادث وتكشف عن السياسات التصحيحية من أجل منع تكرار هذا الحادث مرة أخرى. ويتطلب التصحيح إعادة هيكلة العمل ووضع ضوابط وقيود لضمان سلامة العمل. وتم وضع لائحة تضم كل الحالات المسجلة فيما إذا كانت حالات الموتى الوظيفية أو المرضى الوظيفي أو الجرح الوظيفي. ويتم خلال كل سنة تسجيل هذه الحالات التي حدثت في المنظمة وتقويمها. ويوضح الشكل الآتي تخطيط الحوادث الداخلة ضمن القوانين.

إذا كانت الحالات
النتائج من حادثة العمل أو تعرض أثناء العمل في البيئة العمل
ليست النتائج من حادثة العمل أو تم تعرض في العمل في البيئة
الموت
المرض
أي ضرر آخر يشمل
معالجة طبية أي إسعافات أولية
فقدان الوعي
تقييد أو تحديد العمل أو في حالة
النقل إلى وظائف أخرى
لا أحد من هذه
في هذه الحالة يجب التسجيل
في هذه الحالة لا يتم التسجيل

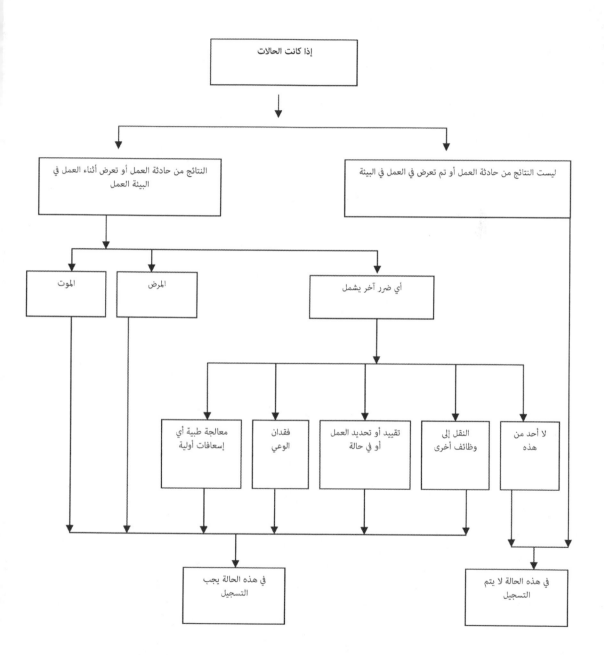

المصادر

1. مهدي حسن زويلف "إدارة الأفراد في منظور كمي والعلاقات الإنسانية"، (عمّان: دار مجدلاوي للنشر والتوزيع، 1993)، ص.3387.

2. حنا نصر الله "إدارة المورد البشرية" (عمّان: دار العقل للنشر والتوزيع، 1999)، ص.326.

3. الهيتي: خالد عبد الرحيم "إدارة الموارد البشرية" مدخل استراتيجي، (عمّان: دار الحامد للنشر والتوزيع، 1993)، ص159-.161

4. سهيلة محمد عبّاس، علي حسين علي "إدارة الموارد البشرية"، (عمّان: دار وائل للنشر والتوزيع، 1999)، ص348-.349

5. سهيلة محمد عبّاس، علي حسين علي "إدارة الموارد البشرية"، (عمّان: دار وائل للنشر والتوزيع، 1999)، ص333-.334

6. Eolwin B. Fiippo, personal management. Fth. Ed, New York McGraw Hill.

7. Fred Foulkes and E. Robert Livernash, Humman resources Management: cases and text (Englewood, Cliffs, N.J. Prentice Hall Inc, 1898), pp: 295-296.

8. Stephani Overman, "Prescription for Healthier Offices, Humman Resource magazine, N.Y. February 1990, P.30-31.

9. Schular, R., "Managing Humman Resoureses" west Publishing companany, 1995, p.280.

10. خالد عبد الرحيم الهيتي، "إدارة الموارد البشرية"، مصدر سابق، ص162-.164

11. د. زكي محمود هاشم، "إدارة الموارد البشرية"، (الكويت: مطبعة ذات السلاسل، 1989) ص225.

12. نظمي شحادة وآخرون: "إدارة الموارد البشرية"، (عمّان: دار الصفاء للنشر والتوزيع، 2000)، ص120-.121

13. سعاد نائف برنوطي: "إدارة الموارد البشرية" (عمّان: دار وائل للنشر والتوزيع، 2001)، ص283-.291

14. سعاد نائف برنوطي: "إدارة الموارد البشرية" (مصدر سابق، ص496-470).

15. السالم وصالح، مؤيد سعيد، عادل حرحوش، "إدارة الموارد البشرية"، (بغداد: مطبعة الاقتصاد للنشر والتوزيع، 2001)، ص.343

16. سهيلة محمد عبّاس، علي حسين علي، "إدارة الموارد البشرية" مصدر سابق، ص352-355.